JN029952

生徒の
英会話力が向上する

英語劇
ドラマメソッド

太田 雅一
OTA MASAKAZU

幻冬舎MC

生徒の英会話力が向上する

英語劇・ドラマメソッド

はじめに

　日本には英語を話すのが苦手だという人がたくさんいます。

　この背景にあるのが、おとなしい、恥ずかしがり屋、集団志向といった日本人に多いメンタリティから生まれる英会話への苦手意識、つまり英会話コンプレックスです。もともと対人面で消極的になりがちな人が多いうえ、発音や文法が不正確であることを極端に恥じたり、反対に一人だけ周囲より上手に話せることに優越感を覚えると同時に、遠慮を感じたりしてしまう……こういった心理的な抵抗が重なって、学校での勉強を通して単語や文法、訳読を学んできたはずなのに、覚えた英語を使って会話してみることにも、またその練習をすることにも消極的になってしまいます。

　こうした英会話コンプレックスを克服する方法が、演劇の手法を取り入れた英会話学習の方法である「ドラマメソッド」です。もともとはアメリカ・ブロードウェイで23年間、俳優・演出家・舞台監督として活躍していたリチャードA.ヴァイア（Richard A. Via）氏が日本の大学生を対象に英語劇（English through Drama）の演出をしたことが始まりでした。私たちはそこで行われていたプロフェッショナルの方法に教育的観点を加えて発展させました。

　ドラマメソッドの大きな特徴は、会話に「状況設定」を取り入

れることで、子どもがその場にふさわしい行動や感情を感覚的に表出できるようになることです。例えば、"Water, please.（お水をください）"というセリフを発話するとき、単なる繰り返しで練習するのではなく、どのようなシチュエーションで、誰に対して「お水をください」と言うのかまで子どもたちは考えることになります。喫茶店で店員に頼む「お水をください」と、3日間砂漠をさまよったあとに、初めて出会った人に言う「お水をください」では、セリフは同じでも表現の仕方はまったく異なります。このように頭と体、そして心を総動員することで、生きた英語を使いこなす能力を身につけさせるのです。

　また、ドラマメソッドでは、教師による指導は最低限に抑え、生徒同士でも互いの意見を否定しないという約束のもとで、「間違ってもいい」という場の空気を大切にして行います。観客に見せるための演劇とは異なり、「上手にやる」必要はありません。劇の設定や場面の状況は、あくまでも言葉を相手に伝える手助けになるように使います。こうして英会話コンプレックスによる「不安」の要素を取り払いつつ、級友同士、劇の設定のなかでコミュニケーションを楽しみながら、英語を使って表現することに自信を持てるようにしていくのです。

　本書は、英語教育に携わる人に向けて、ドラマメソッドの一部を紹介するものです。

　ドラマメソッドのなかでも特に日本人の英語に対する苦手意識を克服するのに効果的である「Talk and Listen」という指導法

を実際の教科書の対話文を引用して解説します。

　また、実際の英語劇台本を利用した「Super-STAGE」についても触れます。普通の劇づくりであれば、台本があり、演出家がいて、配役が決まり、自分のセリフを覚えて、最後は観客に見てもらうことが目的となりますが、Super-STAGE は劇をつくっていく段階でのコミュニケーションや、生徒一人ひとりの主体性にスポットを当てています。「台本と遊ぼう（Play with a script）」という発想で、生徒たちに自分の役に割り当てられているものに限らず、なるべく多くのセリフを学ばせ、しかもゲーム感覚で楽しく、生徒たちの考えを取り入れながら学習できる指導法です。それぞれの内容は、中学生や高校生の英語教育に役立つよう内容を吟味しましたが、アレンジすることによって小学生以下の子どもたちにも応用できます。

　本書によって、英会話の効果的な指導方法が広まり、これから国際的に活躍する日本人が増えるきっかけになれば幸いです。

第 **1** 章

おとなしい、恥ずかしがり屋、集団志向……
英語が話せない日本人が抱える
英会話コンプレックス

日本人の英会話力を「劇」の力で向上させる
教室で楽しく英語を身につけられる
ドラマメソッドとは

第 3 章

いつも授業で使っている教科書が台本になる！
教科書の例文を使った ドラマメソッドの 3 ステップ

教室でも生徒の英会話力は驚くほど UP する
英語劇の台本を使用した指導例

第 **5** 章

指導法ひとつで日本人の英会話力は劇的に向上できる
英語でコミュニケーションが取れる子どもを増やしていくために

第 1 章

おとなしい、恥ずかしがり屋、
集団志向……

**英語が話せない日本人が抱える
英会話コンプレックス**

日本人の英会話に対する不安や抵抗

英語を話すのが得意と言えない

　英語は世界共通言語として最もよく使われている言語です。政治・経済・科学・医学、あらゆる分野で世界とつながるためには英語でのコミュニケーションが必須です。それ以外にも映画・音楽・芸術といった分野、さらにはSNSでコミュニケーションを取るときにも、英語が話せる、読める、書ける、理解できるといった能力が必要とされています。

　ところが、日本では中学・高校から学校教育で英語を学習しているにもかかわらず、「英語が得意です」と自信をもって言える人はあまり見かけません。2020年4月に始まった小学校での英語教育の必修化から数年が経っており、学校の授業としての英語学習は以前よりもずっと向上しているはずなのに、なぜか実際に「英語を『話す』のが得意です」と言う人の数は少ないのです。

　おとなしい、恥ずかしがり屋、集団志向……
英語が話せない日本人が抱える英会話コンプレックス

失敗が苦手意識を強める

　海外の学校での授業と日本の学校での授業とでは、生徒たちの積極性に大きな違いがあります。日本では先生の言うことを黙って聞く一方向の授業が多いですが、アメリカの学校では、生徒が積極的に手を挙げて発言するなどの双方向の授業が多く見られます。

　アメリカでは、積極的な行動の結果である失敗は「学びの機会」として、肯定的にとらえられることが多いです。自分の失敗経験を恥じることなく堂々と話せば、それがプラスの経験と認められるのです。つまり「失敗を恐れない国」ともいえます。

　対して日本では、昔から間違えることを責めるような意識が強く、間違いを恐れて積極的に行動できないという傾向があります。家庭でも学校でもそういった状況がいまだに根強く残っており、国民性として「失敗を恐れる国」になってしまっています。

　失敗を極端に嫌う日本社会では、失敗を恐れるあまり、積極的に新しいことを学ばなくなってしまいます。その結果、ますます失敗を恐れるという、負のスパイラルに陥ります。このスパイラルから抜け出すためには、小さな失敗を積み重ね、大きな成功につなげることが大切です。

「失敗＝悪」ではなく、「失敗＝学び」の観念をもつことが求められるのです。もちろんこれは一朝一夕に変わるものではありませんが、変化というより進化を実現する第一歩として、未来を担う生徒たちに対して「失敗を恐れない英語教育」を実践していくことが必要となります。

話すことをためらっていたら英語は上達しない

　日本の教育制度は世界的に見ても非常にシステマチックで整っており、一人ひとりの頭のなかにはある程度の単語や熟語が詰まっているはずです。それを「間違っていたら恥ずかしい」という理由で使わないのは、なんとももったいないことだと思います。まさに「宝のもち腐れ」の状態です。

　当然のことですが日本人にとっての母語は日本語です。そこにプラスアルファで国際語としての英語を勉強しているわけですから、生徒たちは最初から英語を母語とする人たちと同じレベルで話さなければいけないと気負う必要はないのです。

　英語がうまく使えないうちはいろいろと失敗するものです。しかし、それで臆（おく）してしまうと何もできなくなってしまいます。失敗を恐れずに、まずは英語を口にしてみることが大切です。

　英語上達の道筋としては単語や熟語の量を増やすことも大切ですが、それよりも先に、小さなことでめげないメンタリティや新しいことを楽しむ気持ちが肝心なのです。

　日頃、英語を生徒たちに教えている先生にとっても、英語を学ぶきっかけや目標は、例えば人気アーティストのヒット曲の歌詞が理解できたり、外国映画が字幕や吹き替えなしで楽しめたりすることが大きなモチベーションだったはずです。

　私が英語に興味をもったのは中学１年生のときです。新しい教科として加わった英語が面白くて強烈なインスピレーションを受けました。いままでと違う世界の言葉を学ぶことで、語学として

の面白さだけでなく、それによって異文化に触れることが大きな楽しみとなっていったのです。

　もう一つ英語に関わる体験としていまでも印象深いのが、高校時代に電車内で外国人に話しかけられたときのことです。正直、驚きが先に立ち、頭のなかではそれまでに覚えた単語が渦巻くばかりでした。かなり混乱し、おろおろしながらも、どうにか答えられたことがきっかけで、ますます英語の魅力を感じるようになりました。

　さらに曲がりなりにも外国人と会話ができたという達成感が、私をますます英語の学習へと駆り立てていきました。学校で数年英語を学んだだけで外国人と会話できたことで、学校での教育の大切さに気付かされたのです。

　その後、英語に魅せられた私は英会話スクールを立ち上げるに至り、約半世紀にわたって私塾の英会話講師として英語教育に携わってきました。このように英会話への苦手意識が少し変わるだけで、日本人の英語力が伸びるというのが、私自身の経験に基づく実感です。

日本人の英会話への苦手意識
「お・は・し」とは

日本人はコミュニケーション下手？

　グローバル化の進展につれて、異文化コミュニケーションはますます重要になっています。にもかかわらず、日本人のコミュニケーション能力は課題が多いといわれており、実際にビジネスの現場などでも会話のすれ違いによるトラブルや、交渉時の条件の認識が違っているなど、さまざまな弊害が起きています。

　日本人はコミュニケーション能力が低いと私は決して思いませんし、むしろ控えめで穏やかな日本人の姿は、平和を好む温厚な国民として、世界でも高く評価されています。それでもなお、日本人は外国人とのコミュニケーション能力が低いと言われることが多いのは、日本人がもつ特徴的な国民性が原因であると考えています。

　それは、「お・は・し（おとなしい、恥ずかしがり屋、集団志向）」といった特性です。この国民性が英会話コンプレックスにつながっていると思います。

おとなしい、恥ずかしがり屋、集団志向……
英語が話せない日本人が抱える英会話コンプレックス

おとなしい＝人前が苦手

　まず、多くの日本人に共通するのが「おとなしい」性格です。これは、自己主張や積極的なコミュニケーションに苦手意識を抱いている人が多いということです。

　また、日本人学生のなかで「声が小さい」と自覚する学生も多く、これは普段の控えめなコミュニケーションが影響しているのだと思います。

　アメリカでは幼稚園や小学校の頃から、人前で話すことを授業の一環として取り入れていますが、一般的に、日本人の学生にとって大勢の前で意見を述べる機会はそう多くありません。

　まして日本人は「察し」や「遠慮」が身に染みついているため、会話中もどんどん声が控えめになりますし、外に対して扉を閉ざすようなおとなしい性格になってしまうのも当然といえます。

恥を恐れる気持ちと集団志向

　次に日本人に多いのが「恥ずかしがり屋」な性格です。これは大きな声を出したり、ほかの人と違うことをしたり、失敗したりすると、必要以上に恥をかくことを恐れる気質です。

　また、日本は「みんな一緒」という集団志向の意識が強く、他人と違ったり、浮いた存在になったりすることへの不安を抱く人も少なくありません。例えば１人だとおとなしい人が、仲間と一緒になると、とたんに気が大きくなって予想外の大胆な行動に出たりします。

　目立ちたくない、人前で恥をかきたくないという気持ちが強く、自分の考えをはっきりと相手に伝えられなかった経験は日本人なら必ず一度や二度はあると思います。一方で、流行に流されやすいなど、ほかの人と同じであることに安心感を得るといった行動は日本人特有の傾向だといえます。

　英会話では自己表現が求められるため、他人からの評価や批判がつきものです。それに対して自分の論理や主張を展開する、いわばディベートとしての側面が求められます。しかし集団志向の意識が強ければ、そうした軋轢や衝突を無意識に避け、丸く収めるために自分の主張を封印することが多く見られます。

　このように、「おとなしい、恥ずかしがり屋、集団志向」という３つの要素が組み合わさった結果、日本人の英会話に対する苦手意識が形成されていると考えています。

集団志向から脱却するいくつかの方法

　自分の意見を言えずに周りの意見に合わせてしまうといった集団志向から抜け出すためには、あらかじめいくつかの英単語を教えたうえで、答えが一つではない質問を英語で投げかけ、子どもたちに答えを選ばせることで主体性を育んでいくことが有効な手段となります。

　例えば、果物の英単語をいくつか教えたうえで、"What do you want?（何が欲しいの）"と質問したとします。子どもたちはこれまで習ったリンゴやバナナといった選択肢から好きな果物を自分で選択して回答します。もしこれが日本語であれば、ほかの人の意見に合わせた回答をしてしまうところ、英語という自分が初めて習った言葉のなかから主体的に自分の意見を発言することができます。日本語ではなかなか集団志向から抜け出すことは難しいですが、英語で回答するという環境が子どもたちに自発的な行動を促すことにつながるのです。

　ほかにも英語劇の発表となれば、とにかく覚えた英語を速く、そして間違いなく言えば一見上手に見えますが、暗記したことをただ発しているだけでは本当にその内容を理解しているかは分かりません。文部科学省でもいまでは、言葉をIntake（取り入れて選択する）することが教育として推奨されています。従来は、Input（入力）とOutput（出力）が重視されていましたが、いまは一度自分のなかで内容を咀嚼して、発現することが重要視されているのです。

「英語が話せる＝国際理解」ではない

英語を学ぶ必要性は？

　英会話コンプレックスを克服し、英語を使うことに抵抗がなくなったとしても、実際にそれをどう使えばよいのか、疑問に思う生徒たちはたくさんいると思います。

　実際にはただ単に「英語ができるとかっこいい」「自分も英語を話せたらいいのに」というような憧れレベルで英語の習得を考えるケースが多いと日々感じています。

　これは日本国内にいる限り、実際に英語が必要となる場面が少ないからです。シンガポールやフィリピンなどの国はそもそも多言語国家であり、英語が公用語となっています。複数語の習得が生きていくうえで必要不可欠であり、英語はその延長として受け入れられやすい素地があるのです。

　一方日本では、方言による差異はあるものの共通語としての日本語、単一の言語で統一されています。さらにカタカナによる外来語の変換によって、英語を日常生活のなかで使う必要性があまりないまま、今日まできています。

　しかし、日本は人口減少傾向にあり、国内消費が冷え込む危険性を見据えて海外マーケットにさらに目を向けるべき時代が到来しています。さらにビジネス面だけでなく、音楽や映画、アートといった文化の面でも、世界という広い舞台を意識する必要があります。

　いままでのように日本国内にいることに安心している場合ではありません。海外とビジネスを進める、文化を理解する、そして日本の文化を発信する――そのためにはいまこそ英語能力、なかでも英会話の力が必須なのです。

　英語習得のためには、目的のない漠然とした憧れから抜け出して、英語の必要性をきちんと生徒に認識させることが大切です。

　海外とのビジネスには、グローバルな視点に立ち、相手国と自分の国を含めた国際理解を高めることが欠かせません。しかし、英語を習得しただけで、簡単に国際理解が可能になるわけではありません。

　国際理解は言語の壁を越えてほかの文化や価値観を理解し尊重する能力を指します。これは相手の国・民族の背景や歴史、信念、伝統などに対する総合的な理解や敬意をもつことであり、双方の文化や考え方の「違い」を理解し、相手を認めることを意味するのです。

　文部科学省も 2005 年に発表した「初等中等教育における国際

教育推進検討会報告」のなかで、国際社会で求められる姿勢を挙げています。その内容は「多様な人々と相互理解を深め、共生していくためには、対話を通して人との関係をつくり出していく力が求められる」というものです。

国際理解には、相手に対する理解と、自分の考えを発信する機会や練習が必要です。英語はあくまでそのためのツールであり、それを実践的に役立てるために学習させる必要があるのです。

受信型から発信型への進化が必要

日本の学習指導要領では外国語活動の目標を、異文化理解、コミュニケーション能力の育成、そして「読む」「聞く」「書く」「話す（やりとり）」「話す（発表）」の４技能５領域のバランスの取れた育成を主要な目標としています。

「話す」に関しては「やりとり」と「発表」という２つの小域に分けられています。確かに、日本語を母語とした場合を考えても、「誰かと挨拶や日常会話をすること」と「人前で何かを発表すること」では、準備も求められる知識やスキルも異なります。

４技能５領域のなかで「聞く」「話す」の技能については、残念ながら学習環境がいまだに十分とはいえず、「お・は・し」という国民性によるマイナス面もあって、この２技能の育成は足りていません。

日本の中学校と高校の英語の教科書には、多様な世界の地域文

化の記述や、日本と異なる風俗習慣の紹介、さらには人種、公害、環境問題までが取り上げられています。これは海外や日本の文化を英語で理解することに主眼がおかれているからだと思います。

「お・は・し」のメンタリティにより、積極的に発言できず、感情を表現できない日本人に対して、英語習得に力を入れるアジア諸国は意思がはっきりしていて、相手に伝えようとする積極性があります。

こうしてみると、現在の日本の英語教育は「受信型」であり、海外のそれは「発信型」ということになります。日本の英語教育も受信型から発信型へ転換していかなければなりません。だからこそ今後はむしろ、日本文化を海外に発信するための語学教育にシフトしていくべきだと思います。

日本の英語学習の課題とは

日本人の英会話力が伸びない要因

　現在の英語学習は決して間違っているわけではなく、むしろ文法や読み書きのカリキュラムとして優れていると思います。しかし、残念ながら教科書を学習するだけではコミュニケーションや英会話力の向上のためには不十分です。

　これらの学校側の課題はいわば外的要因としての課題といえます。現行の教育体制においては、4技能5領域のうち「読む」「書く」が中心となり、「話す（やりとり）」「話す（発表）」「聞く」の学習はその2つに追いついていません。

　これに対して生徒側の内的要因となるものがおとなしい・恥ずかしがり屋・集団志向の特性です。

　こういった英語教育の課題と日本人の特性という2つの要因によって、英会話力の向上が阻害されているのだと思います。だからこそ英語を楽しく、全身を使って表現することができるようになる環境を生み出し、また生徒側の「お・は・し」の意識を改革できる解決策がいま求められているのです。

おとなしい、恥ずかしがり屋、集団志向……
英語が話せない日本人が抱える英会話コンプレックス

第 2 章

日本人の英会話力を
「劇」の力で向上させる

**教室で楽しく英語を身につけられる
ドラマメソッドとは**

演劇と英会話のハイブリッド
ドラマメソッドとは何か

「お・は・し」を克服する劇の力とは

　ドラマメソッドとは「劇を通して英語を学ぶ」というスタイルのユニークな英語教育法です。ただ単に教科書を読み上げるのとは違い、演技というかたちで生きた人間の言葉としてコミュニケーションを取る練習法といえます。

　実際に身体を使い、声に出し、表現することで、英語は生きた言葉となり、相手との生きた会話によって五感を駆使して英語を習得していきます。さらに相手とのアイコンタクトを重視しており、自然な会話表現が身につくだけでなく、よりスムーズなコミュニケーションができるようにもなります。

　もちろん「お・は・し」の特性が根強い日本人の生徒たちにとって、英語を話すだけでなく、「演じる」ことでもハードルが高くなると感じる人も多いと思います。

　しかしそれは大きな誤解です。ドラマメソッドでは、俳優のように別の誰かになりきるということはありません。自分は自分の

ままでさまざまなシチュエーションを設定し、そこで感じる自分の感情を表現することを私たちは重要視しています。

劇を通してあるシチュエーションに身をおくことで、さまざまな場面を経験することになります。そしてその場面に集中することで、失敗する恐怖心や恥ずかしさを忘れ、自分の表現として英語を話せるようになっていきます。

このような方法で英語を話すことによって、苦手意識の根底にある「お・は・し」を解決し、英会話によるコミュニケーション能力を向上させることがこのメソッドの目的です。

交通手段、通信手段の発達によって世界はますます狭くなっています。また、海外とのやりとりもビジネスや文化交流だけでなく、個人的な友人関係に至るまで、幅広く展開しています。

そういったなかで、国際的に共通語となっている英語、特に英会話によるコミュニケーション能力は必須です。恥ずかしいなどと言っていたら世界から置いてきぼりにされ、国全体が進化に取り残されて「ガラパゴス化」してしまう可能性もあります。

そうならないためにも、従来の英語学習にプラスして、ドラマメソッドによる英会話学習を取り入れ、若い人たちの英語コミュニケーション能力を向上させる必要があります。

指導者側の意識改革が大切

　以前と比べて英語に触れる機会は着実に増えています。簡単に海外ドラマや外国映画も視聴でき、またSNSやチャットなどで直接外国人とコミュニケーションをとれるようになりました。

　例えば、海外の友人とリアルタイムで楽器のセッションをしたり、動画を見て感想を言い合ったり、ビジネスの場では研究発表や会議なども行われるようにもなっています。

　こうした状況に効果のあるドラマメソッドを十分に活用するためには、生徒だけでなく、まず指導者側が意識を変えていくことが必要です。いままでのように教科書に書かれた文字に頼るのではなく、口から発した生きた言葉を耳で聞き、言葉を介した生きたコミュニケーションを行うことが大切です。

　もちろん指導者側も特別な能力が必要なのではなく、ドラマメソッドの方式を理解すれば誰でも指導ができるようになります。指導というよりも、むしろ生徒とともに「学ぶ・つくる」という意識で取り組んでいくべきだと思います。

　英語に触れる機会が増えてきたいまこそ、英語コミュニケーション能力の向上を図る絶好の機会です。そのために英語と演劇のハイブリッドであるドラマメソッドは有効な方法だと思います。

教育演劇の考え方
イギリス演劇教育家の考え

世界が注目、ドラマを取り入れた教育

　論文「イギリスにおける『ドラマ教育』の動向―リリック・ハマスミス劇場の事例から―」（木村浩則、文京学院大学）によると、演劇を教育に取り入れる手法は、イギリスやフランス、アメリカ、韓国などの諸外国でもすでに盛んに取り組まれ、さまざまな成果が見られるとされています。特にイギリスの「ドラマ教育」（Drama Education）は、日本でも演劇や教育関係者に注目されています。

　上記の論文ではドラマ教育の一例として、小学校から高等教育までの生徒と教師を対象に、「クリエイティヴ・ラーニング」と称した英語教育プログラムを提供しています。

　このプログラムでは、教える側と教わる側がいるのではなく、対話や関係性を重視した、双方向的な教育プロセスを採用しています。また、学習の課程を「道程」（journey）ととらえ、個人の学習を継続的に評価し、数値化することで、生徒の成長を促しています。

演劇の考え方や取り組みは、単に「英語教育」の舞台としてだけでなく、日常のさまざまなシーンでも応用できます。なにしろ、演劇のすべてのシーンが日常に即して設計されており、演劇を通して日常をシミュレーションしているともいえます。

　これは、私たちが教えてきたドラマメソッドと共通する点であり、ドラマメソッドの有用性を裏付けるものだと考えています。

　近年、英語教育には演劇のみならず、映像ドラマも活用されるようになってきました。人気海外ドラマや映画を教材として、個人で英会話を学ぶ機会も増えてきています。

　実際、大好きな映画やドラマを何度も観返すうちに、会話や英語の言い回しを覚えられたという話はよく聞きます。確かに耳と目を駆使して、しかも楽しみながら英語に繰り返し接することで、自然と身につくことはたくさんあります。

　ただ、一人でやっているのと、誰かと一緒に実際に会話してみるのとでは、やはり決定的に感覚が違います。映画やドラマは何度も観ているうちに、次に何を言うかが先に分かってしまいます。

　しかし、生身の人間が演じる演劇はライブであり、台本があったとしてもどのタイミングでどのように表現するのか予測がつかない瞬間があります。つまり実際の英会話での応用力、瞬時の対応を養うには、やはり人と人との生きた会話を実践する演劇というスタイルが有効なのです。

　海外ドラマで独習し、ドラマメソッドのレッスンで実践してみるという両方の良い部分を取り入れた学習を試してみるのもよいと思います。

「プロの劇制作」と
「教育に利用する劇」の違い

プロの劇制作の問題点

ドラマメソッドを実践するうえでは、「プロの劇制作」と「教育に利用する劇」の違いについても念頭におく必要があります。プロの劇づくりの方法を、そのまま教育に利用する劇に採用すると、英語初心者には内容の理解や演技自体が難しくなる場合がほとんどです。

プロの劇は、劇という形態をとった表現活動の一つです。通常、プロの劇は日常生活と同じ言動では物足りず、創造性が加味されないと説得力に欠け、さらには観る側にも文化的な背景の理解が求められます。

劇は確かに学習にとって効果的ではありますが、一方でイギリスの演劇教育家ブライアン・ウェイ（Brian Way）は、プロの演劇方法だけでは、教育において害になることもあると主張しています。

それは実際に私たちもセリフの量の極端な違い、主役脇役の出番の差、見せることだけに考えがいき、失敗できないことなど、

教育においては見せることの功罪が出てくることを実感しています。特に英語劇では、観客は多くの場合英語を理解できないため、自分の子どもが出ているから、あるいは友達が出ているから観ているというのが現状です。

また、英語劇で難しい台本を選んだ場合、例えばシェイクスピアの『ハムレット』であれば、戯曲が書かれたイギリスの時代背景や、当時の人々の考え方を知らなければ、どんなに熱心に劇を観覧しても、物語の本質を理解しにくい側面があります。さらに英米のプロの英語劇では、文化・歴史背景の知識がないと使用される言葉や言い回しが、演者も観客も理解しにくい場合があります。もちろん、英語中〜上級者には新しいことを知るよい機会となることもありますが、そういったセリフはたとえ丸暗記したとしても、日常的に使う機会はほとんどありません。一方、私たちが推奨する「教育に利用する劇」は、演じる人自身が理解しやすい内容であることが重視されています。

意味が分かっている簡単な言葉で表現すると、確信をもってコミュニケーションを取ることができます。そうすることで英会話にも尻込みすることなく、レッスンを重ねていくうちに自信につながっていきます。自信をもってコミュニケーションを取るには、十分に理解している簡単な英語がいいのです。

「教育に利用する劇」の主な目標は、英語を流暢に話すことではありません。英語を使ってこちらの意図を「相手にきちんと伝えることができるようになる」ということです。決してその点を履き違えないでください。

ドラマメソッドの成り立ちと指導法の由来

英語劇との出会い

　私が英語劇に出会ったのは大学時代です。大学では授業に対してあまり興味がもてず、むしろ当時入っていた学外の英語劇クラブでの活動にのめり込んでいきました。

　この英語劇クラブは東京学生英語劇連盟（Model Production：通称 MP）といいます。ミュージカルの本場アメリカ・ブロードウェイで 23 年間にわたって俳優・演出家・舞台監督を務めたリチャード・A・ヴァイア（Richard A. Via）氏が、学生の熱心な要望に応えて、彼らを指導・演出したことが始まりでした。

　この MP という英語劇クラブは「演劇を通じて英語を学ぶ」という理念に基づき、1967 年に設立されたもので、関東の各大学から毎年総勢 100 人ほどが集まる大きな団体でした。

　当時来日していたヴァイア氏ですが、残念ながら私が在籍中に帰国しなければならなくなり、翌年は、彼の友人であるドン・ポムス（Don Pomes）氏（俳優・高倉健さん、松本白鸚さんらの映画・舞台英語のコーチを務めた）が演出をしました。

そのとき私はキャストとして参加し、翌年 MP 一期生の奈良橋陽子氏がクラブを引き継ぎました。そして、彼女のアシスタントディレクターを務めていた私は、公演終了時には大学 4 年生だったため、就職する代わりに奈良橋氏とともに、反対する恩師・ヴァイア氏を説得して、英語劇の手法を使った英会話スクールを発足させたのです。

プロの劇と教育で利用する劇は違う

　私たちが運営する英会話スクールは 1974 年の創業以来、劇の要素を取り入れた独自のカリキュラムを実践しており、日本人が本当の英会話力を身につけて、英語でコミュニケーションを取れるようになることをサポートしています。

　ヴァイア氏らが指導してくれた演技法は、ロシアの偉大なリアリスティック演劇演出家のコンスタンティン・スタニスラフスキー（Constantin Stanislavski）氏が開発した演技システムを、アメリカの演劇人が改良し、演技を「心からのリアルな表現」にできるようにしたものでした。ヴァイア氏は英語劇の上演を通じ、実際に演じることでその演技法を体感させてくれたのです。

　しかし、スクールを運営していくなかで指導法に関して問題点も浮かび上がってきました。MP は大学生中心で、帰国子女や英語が得意な人が数多く在籍していましたが、英会話スクールとなると英語初心者も対象に含まれるようになったこと、またヴァイア氏が教えてくれた演劇手法は、英語を母国語とするプロ俳優を

　日本人の英会話力を「劇」の力で向上させる
教室で楽しく英語を身につけられるドラマメソッドとは

対象とした方法だったからです。

　表現方法であり、また観客に見せることが目的となるプロの演劇と、教材として活用するスクールの英語劇とでは、そもそもの立脚点からして違います。さらに要求されるスキルやレベルがまったく違っており、自ずと適した手法も変わってきます。

　そのため、私たちのスクールではヴァイア氏が実施していた、主にプロ対象の手法を English Through Drama（ETD）、英語教育に劇を利用するために改良したものを Super-STAGE（SS）、その2つを交ぜた新たな方法論を確立し、それをドラマメソッド®（商標登録済み）と呼ぶようにしています。

英会話力がアップ！

　ドラマメソッドは、座学とは違うアクティブなレッスンで、生徒が学ぶことを楽しみ、英語に興味をもち、自発的に学ぼうとする姿勢に変わる、という副産物があるのも大きな魅力です。
「ドラマ」と書くと、舞台上での劇発表を思い浮かべがちですが、人の心の動きを描き、伝えるものはすべてドラマと考えられます。したがってここでは劇の発表だけでなく、教室内で劇の手法を利用することも、広い意味でドラマととらえています。

　演劇とかドラマというと構えてしまうかもしれませんが、誰もが子どもの頃に経験したことがある「ごっこ遊び」の延長と考えてもらえばいいと思います。それぞれのシチュエーションに身をおいてセリフを言う、ただその言葉が英語なのです。

ドラマメソッドは、英語の5領域のうちリスニング（聞く）と
スピーキング（話す／やりとりと発表）の3つの力を鍛え、会話
力・コミュニケーション能力を伸ばすことに主眼をおいています。
演技は互いのコミュニケーションと会話によって成り立ちます。
相手の言葉を聞く、こちらの言いたいことを伝える、そのキャッ
チボールを意識することで、リスニングとスピーキングの力も向
上します。

　また、レッスンの段階が上がるにつれて、決まったセリフだけ
でなく、セリフやシチュエーションの変更や即興での会話なども
行うため、より高度なリスニング・スピーキング能力も必要と
なってきます。それゆえ英会話力が鍛えられるわけです。

　教科書から離れ、さまざまな場面を英語で話すレッスンを繰り
返すことで、人前で話すことに対する恐れを克服し、恥ずかしさ
を捨て去り、さらに集団のなかの一人である自分から抜け出すこ
とを目標としています。

生きた英語を学び、
表現することを学ぶのがドラマメソッド

　ドラマメソッドでは、いわゆる台本のある演劇だけではなく、
教科書に出てくる対話文を台本代わりにして、クラスメイトの前
で発表することもできます。どのような形でも、既存の英語教授
方法にドラマの要素を加えることによって、「①感情がこもった、
②動きのある、③生きた」英語の習得が可能になります。

　ドラマの要素を加えるメリットの一つが、単なる会話文の文字が、人がしゃべる言葉に変わることです。通常、俳優が舞台でセリフを声に出すときは、ただ「読み上げる」のではなく、シーンごとに舞台上でほかの俳優とコミュニケーションを取りながら、場面に合った表現を見せていきます。

　普段会話しているときには、話し手との関係、身振りや表情など、コミュニケーションの要素はさまざまありますし、言葉についていえば、その状況に最も適した表現を選択し、どこを強く発音すべきかなど、アクセントやイントネーションを瞬時に判別しています。

　このようなことを踏まえ、生徒に英語を使った演劇的シーンを演じてもらうことで、実際に身体を動かしながら、その状況に適した英語を自然な会話にしていきます。

　また、コミュニケーションの根本は相手に対する敬意と理解、そして自己表現です。こちらの感情を表現できなければ相手に伝わることはなく、一方通行に終わってしまいます。互いの言葉とそこに込められた感情を尊重し、理解し合うことで正しいコミュニケーションが成立します。

　英語劇のスタイルを活用して英会話コンプレックスを克服し、自己表現力とコミュニケーション力をアップさせる学習法、それが私たちが推奨するドラマメソッドです。

ドラマメソッドに求められるもの

ドラマメソッドのような手法が実際に生徒たちの表現力を伸ばすのに役立つことは、文部科学省の研究でも裏付けられています。

2010年5月、文部科学副大臣主催で、「コミュニケーション教育推進会議」が始まりました。この会議の開催主旨は、国際化が進むなかで多様な価値観をもつ人々と協力、協働しながら社会に貢献できる創造性豊かな人材を育成することです。

また近年、子どもたちが自分の感情や思いをうまく表現することができず、容易にキレるなどの課題も指摘されています。これは教育現場だけでなく、家庭や社会全体で改善していかなければならないテーマでもあります。そういった状況を背景に「国際化」と「コミュニケーション能力」の重要性をうたうこの会議では、子どもたちに求めるものが文章としてまとめられています。

社会の変化と子どもたちに求められる能力

(コミュニケーション教育推進会議審議経過報告・抄　2011.8.29)

　21世紀はグローバル化がいっそう進む時代。多様な価値観、自分とは異なる文化や歴史に立脚する人々とともに、正解のない課題、経験したことのない課題を解決していかなければならない「多文化共生」の時代。このような時代を生きる子どもたちは、積極的な「開かれた個」（自己を確立しつつ、他者を受容し、多様な価値観をもつ人々とともに思考し、協力・協働しながら課題を解決し、新たな価値を生み出しながら社会に貢献することができる個人）であることが求められる。

このような状況を背景に、推進会議ではさらに児童・生徒に対する演劇の有用性を発表しています。なかでも特に注目すべき効果的な手法・方策として、以下の3つを挙げています。

1. グループ単位（小集団）で協働して、正解のない課題に創造的・創作的に取り組む活動を中心とするワークショップ型の手法をとること
2. 演劇的活動など表現手法を豊富に取り入れること
3. ワークショップの理論や方法を備えた芸術家等の外部講師が授業に参加すること

この３つの効果的手法は、私たちのドラマメソッドにも当てはまります。ドラマメソッドでは小集団のグループで英会話を練習しますし、場面や役割を意識しながら対話する演劇的要素も盛り込まれています。また私たちのスクールではドラマメソッドに精通した講師を学校に出張させてワークショップを実施しており、「大きなかぶ」といったなじみのある題材を取り入れると生徒からも好評でした。

　私が約半世紀にわたって提言してきた、ドラマを通したコミュニケーション能力育成が、今やっと公教育の現場にも受け入れられるようになってきたと感じています。

※発表では、生徒が綱の奥側に立ち、観客へ顔を向ける方法もあります。

日本人の英会話力を「劇」の力で向上させる
教室で楽しく英語を身につけられるドラマメソッドとは

英会話学習に有効なメラビアンの法則

コミュニケーションは言葉以外が9割!?

　英会話を学ぶうえで、もう一つ役立つトピックに「メラビアンの法則」という概念があります。1971年にアルバート・メラビアンというアメリカの心理学者が提唱したもので、人と人とのコミュニケーションにおいて、言語情報が7％、聴覚情報が38％、視覚情報が55％のウエートで影響を与えるという心理学上の法則の一つです。

メラビアンの法則

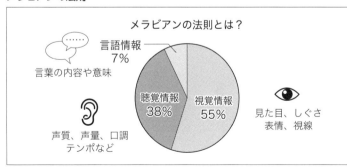

メラビアンの法則とは？

言語情報
7％
言葉の内容や意味

聴覚情報
38％
声質、声量、口調
テンポなど

視覚情報
55％
見た目、しぐさ
表情、視線

この法則によると、コミュニケーションの93％は非言語的なものです。この非言語的な要素には、ボディランゲージ、表情、声のトーンなどが含まれます。つまり、言葉だけで伝えるのではなく、全身を使ってコミュニケーションすることが大切なのです。

　これらの要素を会話で応用するのであれば、例えばボディランゲージなら「話を補完するジェスチャーを使う」といった点に気をつけることが役立ちます。両手を広げたりすぼめたりして物の大小や、手の向きで方向などを示すのもジェスチャーの一つです。

　また、表情も重要な情報源の一つであり、表情で感情を表す練習をすると表現の幅が広がります。怒っているときとうれしいときとでは表情も異なりますし、悲しいときと楽しいときでは顔の向きや身体の動きも変わってきます。

　コミュニケーションが苦手な人はこの表情が乏しくなりがちな傾向があります。日頃から感情に合わせて意識的に表情を前面に出していくことで、自然な表情が生まれます。

　声のトーンも欠かせない要素です。伝えたいメッセージに合った声のトーンを使うと、より伝わりやすくなります。良いメッセージであれば明るいトーンになりますし、その逆であれば無意識に沈んだトーンになります。

言葉とボディランゲージを一致させる

　また、言語情報と非言語情報が一致するように表現することも忘れてはいけません。言葉の内容と、ボディランゲージや声のトーンが一致しない場合、人は非言語的なメッセージのほうをより信頼する傾向にあります。

　例えば、私が「ドラマメソッドはとても効果的な英語学習法です」と発言する場合、大きな声で自信たっぷりに語るのと、小さな声で自信がなさそうに伝えるのとでは、相手への伝わり方に差が出ます。小さな声で自信がなさそうに伝えれば、言葉に説得力がなくなるのは明らかです。

　ドラマメソッドでは場面や人物を設定して英会話を練習するので棒読みの調子にならず、練習段階から声のトーンや表情に配慮したエクササイズを行うので、ボディランゲージが身につきます。

　このように、日常的なコミュニケーションでは、言語コミュニケーションスキルに加えて、非言語コミュニケーションスキルも重要なのです。そして、言語と非言語のスキルを合わせてコミュニケーションをするドラマメソッドは、メラビアンの法則に対応した非常に有効な英会話学習法だといえます。

「会話上手」を育てる Talk and Listen

言葉と気持ちのキャッチボール

　相手に自分の意図を「伝えること」ができるようになるドラマメソッドはアメリカ・ブロードウェイで行われている Talk and Listen の方法を採り入れた指導法です。

　この方式はアイコンタクトを取りながら行うコミュニケーション方法で、言葉に柔軟性を与え、双方に適切な表現や表情を生みます。ブロードウェイで俳優が台本のセリフを読むときに使用されていた独自の手法で、私たちのスクールでも応用しています。

　つまり Talk and Listen のエクササイズは、自己表現ができ、相手の言うことをよく聞いて受け入れられるという「会話上手」を育てることを目指しています。

　会話は「言葉と気持ちのキャッチボール」です。一方的にこちらの言いたいことを主張するのではなく、相手の言っていること、言いたいことをきちんと受け止め、理解する力が必要です。

　単なる連絡なら、携帯や E メールで済ませられます。もしかし

たら絵文字一つで伝えられるかもしれません。そうであれば、すでに言葉は不要になってしまいます。

　しかし、海外留学やビジネスシーンでの英語など、世界で求められているのは「単なる英会話力」を超えた「真の英語コミュニケーション能力」です。つまり、言葉プラスアルファの能力としてのコミュニケーション力が求められているのです。

学習を体験までもっていくにはディテールが必要

　同じ会話文でも状況によってニュアンス、時には意味までも変わってきます。例えば、空港のカウンター職員と乗客の会話などは、ロールプレイとしてほかのスクールでもよく行われています。

　しかし、ドラマメソッドではそれだけではなく、空港のカウンターなら、「時間は朝か昼か夜か」「混んでいるのかすいているのか」など、ちょっとしたリアルな状況設定を加え、会話をいきいきとしたものにさせます。ほかにも「暑いのか寒いのか」「機嫌が良いのか悪いのか」など、本人の状態についてのディテールを加えると、より表現のバリエーションが広がっていきます。

　このように劇の台本でいえばト書き（セリフ以外の説明書き）に当たる状況設定を積極的に取り入れ、頭と身体と心をフルに使うレッスンが、ドラマメソッドの真髄です。

「書く」は通常の授業で、「話す」は ドラマメソッドのレッスンが効果的

普段の授業も大切に

　Talk and Listen に加えてもう一つ重要なポイントとなるのが、通常の英語授業と区別することです。

　「日本の英語教育は十分ではない」などの否定的な意見を聞くことがありますが、私は中学・高校までの6年間におよぶ学校での英語教育をしっかりと受けていれば、基本的な英語力は身につくと考えています。もし教育を受けたにもかかわらず英語を話せないというのが問題であれば、単純に英語を話す機会や方法がないだけで、その機会を設けてあげればよいのです。

　近年では小学校から英語教育をスタートしていますが、これには早くから英語に親しむことで今後の学習をスムーズにしたり、英語活用のための素地をつくったりというメリットがあります。もちろん英語に親しむ機会が増えることで一定の効果はありますが、それがすぐに英会話力に直結するというわけではありません。

　その点、ドラマメソッドは生徒たちにたっぷりと英語を話す機会を用意することが可能です。

テキストを使用するだけの座学による英語の授業では、ある程度単語や表現、文法の正確さが求められます。それに対してドラマメソッドは、英語の発音、イントネーション、表現力といった要素を学び、身につけることが最も重要な目的で、より実践的なコミュニケーション能力を養う場といえます。

ただし注意しなければならないのは、「従来の英語教育がダメで、ドラマメソッドが良い」ということではないということです。従来の教室での英語教育にも当然メリットはありますし、単語力や文法力を磨くという部分はドラマメソッドではカバーしきれない項目です。また、現状での高校や大学進学に関わる受験英語の学習についてもドラマメソッドは完全に有効とは言い切れません。

日本語でも書き言葉と話し言葉が違うように、英語もまた日常会話と文章として書くものとは異なります。「書く英語」としての単語、文法、言い回しなどはやはり従来の座学でなければ学べない部分ですし、逆に学校の授業では実践的で自然な会話を学ぶのは現状では困難です。

それぞれの教育法は役割が明確に違うので、「書く英語」は授業で、「話す英語」はドラマメソッドで、と区別しながら必要に応じて両方の「いいとこどり」をすることが大切だと思います。

学校の授業とドラマメソッドは車の両輪のようなもので、両方がうまく回ることで初めて前に進めます。これまでの教え方に「話す英語」を加えることで、生徒の英会話力が飛躍的に向上するものと期待します。

生徒が自由に英語で表現するための環境づくり

練習⇒自信⇒表現へのステップ

　まずはドラマメソッドを活用した授業は、自分を表現する場であるということを生徒に自覚してもらうことが大切です。

　英語の単語や文法の知識は十分あるのに、いざ会話となると言葉がまったく出てこなかったりして、「英語を使えない」という人が少なからず存在します。

　その原因は主に間違いを恐れる気持ちにありますが、英語に限らず、スポーツでも音楽でも練習を繰り返すことで失敗が減り、それが自信につながります。「これだけ練習したんだから間違えるはずがない」という自信が生まれれば、間違えることに対する不安も減り、恐怖心に駆られることなく本番に臨めるようになります。

　ただ、こうして英語に対する自信がもてたとしても、そもそも自己表現が苦手な人、また練習を繰り返しても自信がもてずにいる人にとってはまだハードルが高いと思います。

　そういう人にこそ、ドラマメソッドは有効です。間違いを恐れる気持ちの根底には、「恥ずかしい」という気持ちがあります。

　ところがドラマというシチュエーションのなかに入り込むことで、その気持ちは大きく軽減されます。

　例えば、先ほどの空港のカウンター職員と乗客とのやりとりでも、状況設定をつくったなかで演じ、さらに今度は相手と役柄を交換するなどして、さまざまなシチュエーションで感情を表現していきます。そのため、たとえ言い間違いがあったとしても、まったく気にすることはありません。そのときの自分の気持ちが表現できればそれでいいのです。

　自分は自分でいながら、現実とは違った想像の世界のなかで「ごっこ遊び」を楽しむことで、いつの間にか恥ずかしさから解放されていきます。

　話して、間違えて、考えて工夫して、という経験を繰り返すなかで、少しずつ自分の言いたいことがはっきりしてきて、これは英語で何と言うのだろうと探しているうちに、英語が「自分の言葉」として定着していきます。これが、英語コミュニケーションのスタートラインです。

間違ってもいい、人の意見を
否定しないなどの約束事を決めておく

ドラマメソッドは演劇ではなく学習

　ドラマメソッドは演劇とは異なります。ところが台本を使って会話の練習をするので、なかには演じることに一生懸命になってしまい、相手の演技に細かな注文を出す生徒も出てきます。

　真剣に取り組んでいる生徒ほど陥りがちなことですが、ドラマメソッドの本来の目的を忘れてはいけません。もちろん自然な演技ができるのはよいことですが、肝心なのはそこではありません。

　演技の良し悪しは問題ではなく、大切なのは英語で自分の気持ちを表現することです。ミスを恐れずに自己表現を試みること、他人の試みを否定せずに受け入れることが大切です。そうすることで、学習する人は自由な発想と表現力を身につけ、さらなる英会話力の向上を目指すことができます。

　そもそもこのドラマメソッドは、日本人の「お・は・し（おとなしい、恥ずかしがり屋、集団志向)」を克服し、単語や文法が多少違っていても、とにかく、間違いを恐れずに話すということを目的とした学習法です。

したがって、これまで間違いを恐れるばかりで、人前では話せなかったクラスメイトが、堂々と英語で発表しているのを見たらすぐに褒めるなど、周囲が素直にリスペクトしてあげる雰囲気づくりが肝心です。失敗もそれを乗り越えるのもおたがいさまという気持ちで、みんな一緒にトライしていくことが大切です。

　その一方で、褒められた側も、「無理に褒めている」「本当は馬鹿にしているかもしれない」などとマイナスに考えるのはやめるべきです。自信がもてない人にありがちですが、マイナス思考からは何も生まれません。褒められたら素直に受け止め、褒められたことを伸ばすように発想を転換することが求められます。

　相手の好意的な言葉を素直に受け止めることが、自分自身にとっても成長の糧となることを忘れないことが肝要です。

　相手に対するリスペクトの気持ちは、コミュニケーションを取るうえでどのような状況においても重要なことです。日本人同士であろうと外国人相手であろうと、その大切さは同じです。

　また多様性を認め合う社会をつくっていくためには、言語や国籍、宗教や性別、ハンディキャップなど、あらゆる壁を取り払って相手を尊重する気持ちを忘れずに接していく必要があります。

　次のページでは私たちが設けているドラマメソッドにおけるルールを載せていますが、ルール1で「ミスをしても構いません」といっても、そのまま放置しておくのはよくありません。ミスをした個人のためでもありますが、クラス全体に訂正を共有することで、同じ間違いや勘違いをほかの生徒が繰り返さないという効果もあります。

また、「先生、これなんて言うの？」と聞かれた場合、タブレットなどでまず自分たちで調べさせます。訂正などは ALT（外国語指導助手）に手伝ってもらうのもいいですし、その場で分からない場合は、次回教えると説明していこうと思います。

ドラマメソッドの6つのルール

> **ルール 1**
>
> You can make mistakes. Don't laugh at students who make a mistake. We learn through our mistakes.
>
> 「ミスをしても構いませんが、ミスした人を笑ってはいけません。
> 私たちは失敗を通して学んでいきます」
>
> **ルール 2**
>
> Respect each other.　　　　　　　　　「お互いを尊重しましょう」
>
> **ルール 3**
>
> Cooperate with each other.　　　　「ほかの人と協力しましょう」
>
> **ルール 4**
>
> Be positive, active and creative. Contribute your ideas.
>
> 「前向きで、積極的で、創造的であってください。
> 自分のアイデアを積極的に提供しましょう」
>
> **ルール 5**
>
> Don't fool around.　　　　　　　　　「ふざけないでください」
>
> **ルール 6**
>
> Most of all, enjoy the lesson.
>
> 「何よりもレッスンを楽しみましょう」

あえて演劇用語を使うことで、ほかのレッスンと差別化できる

身体を動かして、感情も表現できれば生徒のテンションもUP！

ドラマメソッドによる英語学習は、おのずと演劇用語が多くなりますが、それがかえってレッスンに新鮮な感覚をもたらします。例えば演劇特有の言葉に、rehearsal（リハーサル）や lines（セリフ）といったものがありますが、それらを意図的に使うことには意味があります。

それは生徒に「ここはいつもの教室ではなく、自由に表現してよい場だと思ってもらいやすくなる」ということです。例えば、普段控えめな生徒がいつもよりも大きな声で話すこともあります。反対に、大きな声で笑ったり話したりする生徒が、どこかかしこまった表情で話すこともあります。

いままで隠れていた自分を表現するためにも、別空間であることをより強調するためにも、演劇用語は役に立ちます。とても小さな工夫ですが、これによって生徒たちに心地よい緊張感が生まれ、新鮮な気持ちで英会話学習ができるようになっていきます。

そのほかの演劇用語

① Act and react： アクトとリアクション

② Audience： 観客

③ Blocking： 舞台上での動き

④ Break a leg!： 頑張って！

⑤ Cue： キッカケ

⑥ Cast, staff： キャスト、スタッフ

⑦ Concentrate, focus：集中する

⑧ Contrast： コントラストを付ける

⑨ Curtain call： カーテンコール（劇終了後にキャストが観客
へする挨拶）

⑩ Enunciate： ハッキリした発音で話すこと

⑪ Improvise： 即興でやってください。アドリブ（Ad-lib）
とほとんど同じ。

⑫ Pace： 劇進行のペース

⑬ Places： 劇開始の位置についてください

⑭ Props, costume, setting：小道具、衣装、大道具

⑮ Run through：通し稽古（ほかに scene through シーンの通し
稽古）

⑯ SE, BGM： 音響効果、バックグラウンドミュージック

⑰ Script： 台本

⑱ Technical rehearsal / Dress rehearsal：

テクニカル・リハーサル＝音響などと連動する
リハーサル／ドレス・リハーサル＝公演前に公
演と同じように行う最後のリハーサル

舞台の名称

　舞台の名称は、教室内では使うことはあまりありませんが、講堂・ホールなど大きな場所で舞台上での行動に指示を出したい場合に知っておくと便利です。また日本と西洋では視点が異なるのでその点を知っておくのもいいと思います。

舞台の名称

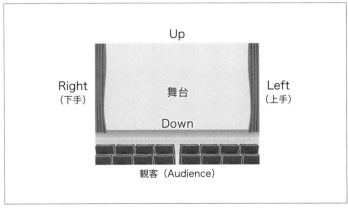

日本では Left（上手）が強く、Right（下手）が弱い感覚ですが、欧米では反対に Right（下手）が強く、Left（上手）が弱いという特徴があります。これは文章の読み方から来ているといわれ、日本は右から読み始め、西洋では左から読み始めます。しかしコンピューターの発達で日本語の書き方も横書きが増えてきていることもあり、将来的には日本の舞台の強弱の感覚が変わる可能性もあります。

　Up は舞台奥、Down は舞台前を指しますが、言葉の由来はギリシャ・ローマ時代におけるイギリスの劇場から来ています。当時、イギリスでは舞台が傾斜しており、前が下がり、奥が高くなっていました。これは観客の遠近感における錯覚を利用すること、そして音響効果を高めるためでもあったのです。このように傾斜している舞台は、現代の多くの平たい舞台と違って使う筋肉が異なるので慣れないと大変だそうです。

ドラマメソッドは5W1Hではなく6W2H

ディテールを追加してよりリアルに

一般的に情報伝達の際に重視されるのは5W1H、つまり「When
（いつ）」「Where（どこで）」「Who＆Whom（誰と誰が）」「What
（何を）」「Why（なぜ）」「How（どのように）」ですが、ドラマ
メソッドはこれに、「With what（何を使用して）」「How much
（いくら、どのくらい）」を加えた6W2Hで考えます。

例えばWho did you talk to?（誰に話しかけていたの？）とい
う一文では対象となる人物情報は欠かせませんし、How much
sugar would you like in your coffee?（コーヒーにどのくらい砂
糖を入れますか？）であれば、量的な情報も大切です。場合に
よっては「How long（どのくらいの時間・期間）」「How far（ど
のくらいの距離）」などの要素を加えて考えることもあります。

そのためには、小道具、衣装、サウンドエフェクト、ライティ
ングなど、使える手段はどんどん使います。これらを駆使するこ
とで、話している人たちはもちろん、そのプレイを周りで見てい

る人たちも、その場面を具体的に想像できるようになります。

　こういったディテールをきちんと準備することで、より具体的な表現もできますし、生徒がその気になることで感情表現が豊かになり、劇中の役柄同士のコミュニケーションもよりリアルになっていきます。それくらい細かく、言葉を発するシチュエーションを描くことが、真のコミュニケーションに近づくコツです。

　もし小道具などが準備できないときはイラストにしても構いません。また、衣装ではそのキャラクターを象徴する一点を身に着けるだけでリアルさがぐんと増します（女性のキャビン・アテンダントならスカーフなど）。

「6W2H」一覧表

W1	「When （いつ）」	yesterday	昨日
W2	「Where （どこで）」	café	カフェで
W3	「Who&whom （誰と誰が）」	Tom to waiter	トムがウエーターに
W4	「What （何を）」	hot dog	ホットドッグを
W5	「Why （なぜ）」	very hungry	とてもおなかがすいていたので
W6	「With what? （何を使用して）」	with a menu	メニューを手にしながら
H1	「How （どのように）」	in a hurry	大急ぎで
H2	「How much （いくら、どのくらい）」 ＋ 「How long （どのくらいの時間・期間）」 「How far （どのくらいの距離）」 など	ordered three	3つ注文した

第 3 章

いつも授業で使っている
教科書が台本になる!

**教科書の例文を使った
ドラマメソッドの 3 ステップ**

Talk and Listen の 3 ステップ

　Talk and Listen を使うレッスンを"Drama Active Lesson"と呼びます。Talk and Listen は 3 ステップで構成されています。指導の順番をステップ 1、2、3 とし、ステップ 1、2 で 1 レッスン、ステップ 3 で 2 回目のレッスンが目安となります（1 レッスンは 50 分）。3 回目のレッスンで教科書の残りの部分を行うことも可能です。

ステップ 1 基礎学習

〈全体・個人活動〉　　　　　　　　　　　　　　　所要時間 15 分

① Drama Active Lesson 開始の宣言
② 受講者の心得・ルールの説明（紙に書いておくことも可）
③ 対話文の学習（音読・訳・文法・発音練習など）
　※身体を使って新出単語などを表現する Language
　　Game を行う場合もある。
④ ノートの左側と右側に、各役割の会話を分けて記載
　※ここでは 6 行の書き写しを行う。
⑤ 机・椅子を壁側へ並べ、中央にスペースをつくる

ステップ 2 Talk and Listen の開始

〈ペア・グループ活動〉　　　　　　　　　　　　　所要時間 17 分

① EYE-CONTACT　相手の目を見る習慣づけ・自信づけ
　・対話文の読み合い→役の交代　　　　　　　　　　　　3 分
② DIALOGUE DYNAMICS（DD）　表情の可能性を広げる練習
　1 つの対話文につき 2 つの DD が目安となる。
　DD を終えるたびに、希望を募り、ペア・グループに発表をしてもらう。
　・1 回目の DD →DD 交代→役の交代→DD 交代→発表　3 分
　・2 回目の DD →DD 交代→役の交代→DD 交代→発表　3 分

③ SITUATION　状況の設定

始める前に新しいパートナーを見つけて2列を作り、お互いに挨拶する。教科書の残りの対話文も行う。1つの対話文で2つの状況設定が目安となる。先生は3つ目の状況を自分たちで考えるように促す。

・1つ目のシチュエーション→役の交代
・2つ目のシチュエーション→役の交代
・3つ目のシチュエーション（生徒自ら設定）　　　　　　3分

④ REHEARSAL　発表前の練習

3つのシチュエーションから1つを選んで、生徒たちの好きな場所で練習してもらう。ここでセットや小道具についても用意する。　　　　　　　　　　　　　　　5分

〈全体活動〉　　　　　　　　　　　　　　　　　所要時間 18分

⑤ SMALL PERFORMANCE　実際に演じさせる　　　12分

・発表するペア・グループを1つ選び、その後は時計回りで順番に発表してもらう。
・1ペア・グループにつき30秒、20組40人が目安となる。
・ここで評価表（P.206）を配っておき、発表移動の際に書き込んでもらう。

⑥ EVALUATION AND REFLECTION　　　　　　　　6分

（計50分）

ステップ3　同じ対話文のなかのセリフを変えて応用

〈ペア・グループ活動〉　　　　　　　　　　　所要時間 28分

① SUBSTITUTION 1　教科書の言葉の入れ替え　　　5分
② SUBSTITUTION 2　状況を変えて、言葉・文章の入れ替え　　　　　　　　　　　　　　　　　　　　　　10分
③ REWRITE　上演台本の書き換え　　　　　　　　　　8分
④ REHEARSAL　発表前の練習（書き換えた台本を使用）　　5分

〈全体活動〉　　　　　　　　　　　　　　　　所要時間 22分

⑤ PERFORMANCE　台本なしで発表・自己紹介　　　16分
・自己紹介はあらかじめ生徒に練習させておく。

⑥ EVALUATION AND REFLECTION　　　　　　　　6分

（計50分）

Action! **5** ＿＿＿ ツアー会社での会話

家族でロンドンに旅行に来ている真理は、ツアーで観光地を回りたいと考えています。

1 *Mari:* Hello. Do you have ①one-day tours?

2 *Staff:* Yes. We have many of them. Where would you like to visit?

3 *Mari:* Well, I want to see ②Stonehenge.

4 *Staff:* OK. We have a tour which goes to

②Stonehenge, and also to ③Windsor Castle.

5 *Mari:* That sounds exciting. How much does that

tour cost?

6 *Staff:* ④Sixty-four pounds for an adult and ⑤56 for

a student.

7 *Mari:* What time and where does the tour start?

8 *Staff:* It starts at ⑥8:45 a.m. from ⑦Victoria Coach Station.

9 *Mari:* Great. ⑧Three of us want to join the tour.

10 *Staff:* Let me check. There are still some seats left. You're lucky!

A 1．ペアになり、役割を決めて、対話を読みましょう。

2．下線部を入れかえて、ペアで対話しましょう。

●真理

	①ツアーの種類	②行きたい場所	⑧参加人数
A	one-day	Lake District	two
B	two-day	Wembley Stadium	five
C	three-hour	the Tower of London	four

Stonehenge ストーンヘンジ（英国南部の遺跡）　**Windsor Castle** ウィンザー城

pounds ポンド（英国の通貨単位）　**Victoria Coach Station** ヴィクトリアコーチ駅（ロンドンのバスターミナル）

Lake District 湖水地方（英国北西部の地域）

Wembley Stadium ウェンブリースタジアム（サッカー場）

●ツアー会社のスタッフ

	③ツアーでほかに訪れる場所	ツアーの価格（④大人／⑤学生）	⑥ツアーの開始時刻	⑦集合場所
A	a hotel for afternoon tea	£175／£160	8:00 a.m.	King's Cross Station
B	the Beatles' Museum	£220／£190	7:45 a.m.	Baker Street Station
C	Buckingham Palace	£53／£45	8:15 a.m.	Paddington Station

£ = pound(s)

B 1. ロンドン出発のツアーにはどのようなものがあるかをインターネットで調べて、自分が参加したいツアーの情報をまとめましょう。

①目的の観光地（Tourist Spot）

②見どころ（What to Expect）

③期間（Duration）

④価格（Price）

2. 上で調べた情報をもとに、モデルにならって、友だちと情報交換をしましょう。

You: Which tour looks good to you?

Friend: Definitely the ①Cotswolds tour.

You: ②Cotswolds? What kind of place is it?

Friend: It's a place that has nice villages and towns with a lot of traditional buildings.

You: Sounds interesting. How long is the tour?

Friend: It's ③10 hours long.

You: How much does it cost?

Friend: ④Seventy-eight pounds. I'm sure it'll be a good tour. How about you?

---

the Beatles ビートルズ　**Baker Street Station** ベイカーストリート駅（ロンドンの地下鉄の駅）

Buckingham Palace バッキンガム宮殿　**Paddington** パディントン駅（ロンドンの地下鉄の駅）

Cotswolds コッツウォルズ（英国南西部の丘陵地）

出典：開隆堂「New Discovery English Communication Ⅱ 2018年版」

3 ステップの内容

Talk and Listen の内容

　対話文は教科書にあるもので構いません。ここでは P.64 に示すとおり開隆堂「New Discovery English Communication II 2018 年版」を使用しています。対話文に 1 〜 10 の順番を振っていますが、Talk and Listen には 1 から 6 までを使うエクササイズと 1 から 10 までを使うエクササイズがあり、①印と下線については、教科書の指定です。これはのちほど言葉の入れ替えで使用していきます。

　Talk and Listen は強いコミュニケーションを促す方法です。アイコンタクトをとる具体的な手段で、言葉に柔軟性を与え、そのとき、その場、その相手に適切な表現・表情を生む、アメリカ・ブロードウェイの俳優が台本のセリフを読むときに使用していた独自の方法です。 ひいてはその対話文を教室内で擬似的に体験することを目的としています。英会話を体験するということは、本当の会話をしていることにつながります。

　いつも授業で使っている教科書が台本になる！
教科書の例文を使ったドラマメソッドの3ステップ

教科書からの対話文の1から6までを下図のようにノートに書くようにすると比較的容易にアイコンタクトを取れる対話文になります。ここでは左側にMariの会話を、右側にStaffの会話を記述しています。またカードにして、おのおのの人物が自分のセリフの部分だけを持つようにするとさらにスムーズに進行できます。

ノートの取り方

	Mari		Staff
1	Hello. Do you have ①one-day tours?	1	
2		2	Yes. We have many of them. Where would you like to visit?
3	Well, I want to see ②Stonehenge.	3	
4		4	OK. We have a tour which goes to ②Stonehenge, and also to ③Windsor Castle.
5	That sounds exciting. How much does that tour cost?	5	
6		6	④Sixty-four pounds for an adult and ⑤56 for a student.

基礎学習

音声学習、音読、意味や発音の確認・訳読は学校の教え方でOK

「読む」「書く」「聞く」「話す（やりとりと発表）」の4技能5領域の習得は一つひとつ独立したものでありながらも、互いに深く関係しているため、5つの力をバランスよく伸ばすことがとても大切です。

だからこそまずは具体的なドラマメソッドに入っていく前に、従来の勉強方法と同じく、意味・発音の確認や訳読、音声学習、音読を強化します。また、新出単語があれば意味を調べて、発音を習い、先生のあとに続いて読んでもらいます。さらに、その単語を使ってつくった文章が日本語でどういう意味になるかを考えることや、文法の確認も大切です。

これはどのようなテキストを使ったとしても同じことであり、生徒の「読む」「書く」「聞く」「話す（やりとり）」「話す（発表）」の5つの領域すべてを伸ばすことを意識しながら、レッスンのプログラムを組んでいくことがとても重要です。

　私たちのスクールでも、外国語習得のためにこの4技能5領域を伸ばすことは非常に大切だと考えています。特に「聞く」「話す（やりとり）」「話す（発表）」の3つの領域を伸ばすためのカリキュラム構築には今後も力を入れていきます。

　基礎学習が終わったら、Talk and Listen エクササイズでアイコンタクトを取りやすくするために、対話文をP.67の例のようにノートに書いていきます。ここからドラマメソッドをはじめていきます。

身体表現を促しながら新出単語などを覚えさせる Language Game

　基礎学習として、新出単語などを身体にしみ込ませるために、ドラマメソッドでは Language Game を行う場合があります。

　言葉にはリズムがあり、一つひとつの単語にもアクセントが乗る位置があります。特に日本語は発音がフラットな言語なので、その延長で英語を話しても英語話者には通じない場合があります。そのようなときはアクセントを強調して生徒に発音させてみてください。

　従来の英語教育では、辞書を引いてアクセントの位置を確認し、先生の発音通りにまねして発音するのが一般的です。しかし、一つ踏み込んだ練習として、例えば、アクセントが強い箇所で手拍子を打つという身体表現を取り入れる方法は体で英単語のアクセントを覚えるのに有効な方法となります。

この練習は頭で考えず、耳で聞いたまま叩くだけのシンプルなものなので、誰でも簡単に始められます。またアクセントが強い箇所で「立ち上がる」など応用しながら、これらの練習を繰り返すうちに正しい英語の発音が身についてきます。

　そのほかにも学習するレッスンのなかの新出単語・フレーズ・文章を選んで、身体で表現して当てるゲッスイング・ゲーム（Guessing Game）、動詞を実際に身体で動いてみる動詞ゲーム（Verb Game）、言われた単語と反対のことを身体で表現するオポジット・ゲーム（Opposite Game）などあります。いずれも机上とは異なった感覚で英語が身体にしみ込んでいきます。

ジェスチャーが表現の助けになることも

　また、言葉からイメージする動作をジェスチャーで表現しながら発声することも、身体で言葉を習得する方法の一つです。例えば「ジェスチャーでゾウを表現しながらelephant（ゾウ）と発音してください」と言われたら、両手を大きく広げて表現する、mouse（ネズミ）と発音するときに小さなものを大事に扱うようにそっと両手で包み込むような仕草を見せる、といったやり方です。このように、なんらかの動作を加えることによって、単語がイメージできるようになり、言葉の意味を表現しやすくなってきます。

　さらにこうした練習は、コミュニケーション能力を高めることにも役立ちます。外国人同士が会話をしているとき、大げさなほ

どジェスチャーを交えているのを見たことがある人も多いと思います。彼らにとって、ジェスチャーはコミュニケーションの一つであり、自分の感情や意見を伝えるためのスキルなのです。

第5の技能、コミュニケーション能力

外国語を習得するために、「読む」「書く」「聞く」「話す（やりとりと発表）」の4技能5領域を鍛えても、コミュニケーション能力が十分でなければ、外国語を自分の言葉として使いこなせるようにはなれません。

母国語でも会話をするときに「発音が正しいか？」「文法は間違っていないか？」「単語は誤っていないか？」などよりも、むしろ意識しているのは、相手を納得させるための説得力や、微妙なニュアンスを伝えるための表現力であるはずです。

そもそも「何のために英語を話したいと思うのか？」と尋ねられたら、辞書に載っているような正しい英語を使いたいからではなく、自分の意見を相手に伝え、相手に理解してもらいたいからという気持ちのほうが強いはずです。

その想いをかなえるのが第5の技能、コミュニケーション能力であり、英語に限らず言語を自在に操って会話を楽しむために不可欠なものなのです。

コミュニケーション能力は、4技能5領域とは次元が違う力であり、従来の英語教育ではこれを習得するレッスンはあまり行わ

れていません。

だからこそ、これまでになかった視点をもって英語学習に取り組み、コミュニケーション能力を磨くことを意識することによって、驚くほど英会話力がアップしていきます。

例えば、「話している内容は間違っていないし、発音だって悪くない。でも言いたいことがなかなか伝わらない」と悩んでいたとして、自分のコミュニケーション能力に意識を向け、伝えようという意思をもつだけで、周囲も驚くほどの話し上手になれる可能性があります。

これは、日本人に話す場合も同じです。「同じことを言われても、あの人から言われるとイヤな気持ちになるけど、この人から言われたら素直に聞き入れようと思える」という経験をしたことがある人も多いと思いますが、これも実は同じ原理なのです。

相手が聞きやすい、ハッキリとした発音が大切

ドラマメソッドの発音でいちばん基本となる考え方、また目指していることは、「話している相手や観客に分かりやすい発音」です。イギリス英語、アメリカ英語にこだわらず、ニュートラルではっきりとした聞き取りやすい発音で、ヴァイア氏がインターナショナル・イングリッシュと呼んでいるものです。

発音の基礎としてR、L、V、F、THはしっかりと教えるために、練習として早口言葉などを利用しています。特に注意しているのが子音です。日本ではあまり習いませんが、演技するときや

プレゼンテーションのときには、特に Final consonant（単語の最後の子音）をしっかりと発音することが重要になるためです。

Final consonant をしっかりと発音できないと、聞き取りづらく、相手にもだらしなく聞こえます。

俳優がよくやる発声練習は、最近では世界的にあまりはやっていません。もちろんおなかから出す腹式呼吸などは大切で私たちもよくやりますが、最近は映画の収録も多くなってきて、録音機器が非常に発達しているため、大きな声で話すと不自然に聞こえることが多くなっています。

発音について、「国際」という言葉の意味を体感したことがあります。私が初めてスイスに行ったときのことでした。義理の弟はスイス – フレンチ（妻がスイス – フレンチなので）ですが、私はフランス語ができないため彼とは英語で話すことになりました。

しばらく英語で話したあと、彼が急に「あなたは何人？」と尋ねてきました。私が日本人だと答えたところ、彼は「日本人なのにどうしてアメリカン・イングリッシュで話しているの？」と質問されたのです。これは私がこれまで学校で習った発音で話していたことを実感する経験となりました。

日本では基本的に英語をアメリカン・イングリッシュで習います。当時私は特に意識せずにいたのですが、その後さまざまな人の英語を注意して聞いていると、自国語訛りの英語が聞こえてきて、自分のアイデンティティを表現していることに共感を覚えました。

国際的とはこのようなことを言うのだなと妙に感心すると同時に、これこそがヴァイア氏が言う、インターナショナル・イングリッシュの意味だと確信しました。それはどこの国の言葉にも属さない、相手に分かりやすい発音で話せばよいということです。いまではこうした国際英語の発音に対する姿勢もドラマメソッドの基本的な考え方になっています。

早口言葉の例

早口言葉（Tongue Twisters）の練習方法ですが、初めは一語一語をゆっくり・はっきり話し、徐々に速く話すようにしていきます。慣れてきたらゲームとして、3回繰り返し、早くできた人から座っていくというようなことも私たちはよく行っています。

そのほかに練習として鉛筆などの棒を噛んで発音させてみるのもいいです。なかなか難しい練習ですが、はっきりと発言しないと聞き取れないため、発音の良い訓練になります。

【f の発音の練習】

・Fred fishes fresh fish every Friday.

【l と r の発音の練習】

・She was welcomed with really lovely real red roses.

【she と sea の発音の練習】

・She sells seashells by the seashore.

このほか子音に対する練習法もあります。P、T、B、K、Fをはっきりと発音できているかどうかは、口の前に紙のスリップを垂らすとよく分かります。発音して、その紙がフリップするようならば、ちゃんと子音を発音できている証拠です。

　単語の最後の子音（Final consonant）のなかでもしっかりと発音したいのはM、N、T、S、D、Kなどです。次の早口言葉で、これらの子音も意識しながら練習させることで発音は上達していきます。

【単語の最後の子音（Final consonant）を発音する練習】

・Tom bought a very expensive book.
・Peter Piper picked a peck of pickled peppers, how many pickled peppers did Peter Piper pick?

ステップ 2

Talk and Listen の開始

EYE-CONTACT
相手の目を見る習慣づけ・自信づけ

　会話は相手がいて初めて成り立つものです。しかも会話を会話として成り立たせるためには、決して一方的であってはいけませんし、お互いが相手の話にきちんと耳を傾けることが大切です。

　また、"耳を"傾けるとは言いますが、相手が言いたいことをしっかり理解するためには、相手の表情や仕草、姿勢、声のトーンや口調にも注意を向けることが必要です。

　例えば、何かを頼んだときに「いいですよ」と返事があったとして、その言葉を発している相手の表情をよく見れば、心から「いいですよ」と思っているのか、渋々「いいですよ」と返事をしているのかが分かるものです。

　そうした気持ちが最もよく表れているのは相手の目です。そのため、目をしっかりと見ることで、相手の気持ちにまで意識を向けていることが伝わり、視線を受け取った相手は内面を見透かされているように感じるものです。

そのため、相手の目を見て話すことで、相手がどのように感じているかが伝わってきますし、お互いがそうした姿勢で相手と接することで、関係性も深まりやすくなります。

しかし、日本人は恥ずかしがり屋な性格の人が多いため、アイコンタクトをとる習慣がない人も大勢いるといわれています。一方、英語圏ではほとんどの人がアイコンタクトを重視して会話をしています。なぜこうした違いがあるかというと、欧米では、相手の目を見て話すことがマナーとされているからです。日本では相手の目を見て話すことが大切だと教わることはあっても、相手の目を見ずに話すことは失礼に当たるとまでは言われません。

そうした習慣の違いを理解したうえで、英会話の練習でもアイコンタクトを大切にすることが必要です。これまでアイコンタクトが苦手だったならなおさらのこと、練習を通してアイコンタクトをとることが苦でなくなれば、人とのコミュニケーションに対する苦手意識がなくなるものです。

EYE-CONTACTの練習

① 教室内の机や椅子を壁および窓際に寄せて広いスペースを真ん中に作ります。多目的ルームなどを使える場合はそちらのほうがいいです。

② アイコンタクトをしっかりとるためにも、練習の際には全員で2列になって向かい合い、自分の前にいる人と2人1組のペアとなります。

　ただし、クラスの人数が奇数の場合は、列の最後の生徒たちは3人1組になります。その場合、2つの役のうち一方を2人交互で演じさせることになります。

③ それぞれの組ができたら、まずは相手と挨拶を交わします。挨拶はもちろん英語ですが、

　　"Hi, how are you?"

　　（ご機嫌いかが？）

　　"Fine, thank you. How are you?"

　　（調子はいいです。あなたはどうですか？）

　程度でも構いません。

④ 挨拶が終わったら、さっそく対話を始めます。P.67でつくった「ノート」を手にもって半分に折ります。先生の右側の列をA・Mari、左側をB・Staffとします。

　対話するうえで大切なのは、読むことではありません。Mari役の生徒はセリフを黙読してできる限り頭に入れたら、Staff役の生徒の目を見て話します。話し終わったら、相手の

番だと手で促します。聞いている側は相手の英語は書かれていないので、相手の目を見ているように指示を出してください。

このようにしてノートに書いた6行目までを行います。

⑤ 次は、役を交代して同じ要領で対話します。

＊このやり方に慣れてきて、もし聞いている側が相手の言っていることが分からなければ、

"Pardon me? I couldn't hear you."

（ごめんなさい、聴き取れませんでした）

"I didn't understand you. Could you say it again?"

（なんと言っているのか分からなかったのでもう一度言ってもらえますか？）

などの言葉で聞き返すようにします。

相手は、もう一度自分の言ったことを繰り返します。こうすることでよりはっきりと話したり、大きな声で話したりするようになっていきます。また何回か聞き返すと、読み手（話し手）はどうにかして理解してもらおうと努力し始めジェスチャーも自然に使うようになります。先生が生徒のジェスチャーを促すことも必要となります。

⑥ 数回、役を交代して、対話文になじみます。

⑦ 次のステップへ進みますが、ペア・グループの相手役を替えることも可能です。2列のうち1列に並んでいる最後の人が、いちばん前に来て、1人ずつ後ろに繰り下がれば簡単にペアを替えられます。

DIALOGUE DYNAMICS（DD）
表情の可能性を広げる練習

　日本人は感情表現が不得手だといわれています。その理由としてよくいわれるのは、日本には独自の察する文化が根付いていて、自らどう思っているか説明することなく、相手に察することを求め続けてきたことが原因とする説です。

　例えば、相手の行動に対して怒っていたとしても、何に対して怒っているのかを説明せず、言わなくても分かるだろうという態度をとる人が多いのです。これでは自分から相手に歩み寄っているとはいえません。また、感情を示すことで相手に嫌われるのが怖いとついつい感情を押し殺してしまう人も少なくありません。

　しかし、欧米ではそうではありません。自分の言いたいことをはっきりと伝え、相手から伝えられた内容がうれしいことであれば喜び、嫌なことであれば怒るのが当然です。そのような習性がない日本人にとっては、自分の気持ちをストレートに顔に出すことは、難しく感じられるのだと思います。

　最初のうちは、恥ずかしさもあって自然に感情を表現することはできないかもしれませんが、繰り返していくうちに慣れていき、自分らしさを発揮できるようになります。

　DD は表現・表情を広げるための練習であり、これを日常でも行ってくださいとは言っていません。ある程度強制的に行ってもらうものもありますが、あくまで生徒の可能性を広げるための練習である点に注意が必要です。

感情表現の練習

　新しいペアになった場合、相手と挨拶を交わします。最初にペア・グループを組んだときと同じです。

①挨拶が終わったら、ノートを手にもって練習します。Mari は「低い声」で、Staff は「高い声」で話してもらいます。6行目まで対話文を行ってください。

②対話文が終わったら、今度は「低い声」で話した Mari は「高い声」、「高い声」で話した Staff は「低い声」で話します。

③役柄を入れ替えて、①②を同様に行います。

④自分たちで役柄を決めて、それぞれ自分の好きな声色で話してもらいます。声音が同じになっても構いません。先生はクラスを回り、どのように生徒が行っているかを見て回ります。乗っているペア・グループがあれば、後で発表してもらいますのでチェックしておいてください。

⑤次に数ペアかグループにみんなの前で④までに行ったエクササイズの対話を実施してもらいます。やりたい人を募りますが、いない場合は先生が指名します。そのほかの生徒は一歩下がって座ります。指名されたペア・グループはその場で立って行います。

⑥最初は手を上げるペア・グループはなかなかいませんが、慣れるにしたがって希望者が出てくるようになります。積極性、これも一つのドラマメソッドが求めるものです。

そのほかのDIALOGUE DYNAMICS（DD）

　前ページで紹介したDDは、「低い声で話す／Talk in a low tone」「高い声で話す／Talk in a high tone」ですが、1つの対話文につき2つのDDを行うとより生徒の表現力が高まります。どのDDが合うかは対話文によって異なりますが、簡単なものを右ページにまとめましたので、適切なものを選んでみてください。

　例えば、初回に「低い声で話す／Talk in a low tone」「高い声で話す／Talk in a high tone」と「ゆっくり話す／Talk slowly」「速く話す／Talk fast」を行ったとします。その場合は次回の対話文では前回の2番目に行ったDDを初めに行うと（図の網目の部分）生徒も次第に慣れてきてスムーズに進行します。

DIALOGUE DYNAMICS（DD）の例

		Sample 1	Sample 2	Sample 3	Sample 4	Sample 5	Sample 6
DIALOGUE DYNAMICS (DD)	1	Talk in a low tone / Talk in a high tone	Talk slowly / Talk fast	Talk quietly / Talk loudly	Become an ant / Become an elephant	Tighten body / Soften body	No looking at all / Look intently
	2	Talk slowly / Talk fast	Talk quietly / Talk loudly	Become an ant / Become an elephant	Tighten body / Soften body	No looking at all / Look intently	Talk in a low tone / Talk in a high tone

		サンプル1	サンプル2	サンプル3	サンプル4	サンプル5	サンプル6
ダイアログ・ダイナミクス (DD)	1	低い声で話す／高い声で話す	ゆっくりと話す／速く話す	静かに話す／大きな声で話す	アリになって話す／象になって話す	身体を硬くして話す／身体を軟らかくして話す	相手の目を見ないで話す／相手の目を凝視して話す
	2	ゆっくりと話す／速く話す	静かに話す／大きな声で話す	アリになって話す／象になって話す	身体を硬くして話す／身体を軟らかくして話す	相手の目を見ないで話す／相手の目を凝視して話す	低い声で話す／高い声で話す

（右余白）第1章　第2章　第3章　第4章　第5章

演技に対する3つの教え

　立って練習をするときには動きを伴うため、いわゆる「演技」をすることになりますが、私たちの演技に対する考え方の基本は以下の3つです。これは、リアリズム演劇のスタイル「スタニスラフスキー・システム」をベースにおきながら、アメリカ・ブロードウェイのヴァイア氏の方法を利用し、英会話学習に劇を取り入れるときに心掛けている考え方です。

① Acting is not showing, but doing; doing under imaginary circumstances.

（演技は見せびらかすものではなく、想像上の環境の下で、真実性を持って行動することです）

大袈裟な演技は要りません。誰にでもできることです。

②If you were in this situation, what would you do?

（もしあなたがこの状況にいたら、どう行動しますか）

よく演技は、他人になることだと言われますが、私たちは「あなた」の考えで演技（行動）することを求めます。

③Acting is not about imitating and make-believe, but about the ability "to experience real emotions".

（演技とは人のまねをしたり、見せかけの演技をしたりすることではなく、「本当の感情を経験」する能力のことです）

私たちのスクールで演技（行動）をすることは、その英会話を「経験」したことになります。

私たちは現実に根付いた演技、動き、感情を取り入れて英会話を学習することによって心からの表現・表情を引き出すことができると考えています。こうした考え方をできる限り現実に近い形で実践していくために、机や椅子、本書で教科書から引用している対話文の場合であれば、旅行資料、地図などを用意するようにしています。こうした小道具の準備を心掛けるだけでも、ナチュラルな演技・動きでいきいきと生徒たちが演じられる環境をつくることができるのです。

SITUATION　状況の設定

　ここではノートではなく、教科書を使い10行目までを行うようにしてください。教科書は対話文がノートに書いたように分かれていませんが、できるだけアイコンタクトを取って、生徒たちが対話するように促すことが大切です。

　教科書などの従来の会話の対話文は、登場人物が会話している場面しか分からないものがほとんどです。その場面で何が起きているのか、何をテーマに話をしているのかは分かっても、例えば登場人物の性格や考え方、会話が行われている時間や場所などまでは見えてきません。

　しかし、人と人が出会って会話する背景に目を向けると、時代、場所、天候、登場人物たちの関係性など、さまざまな要素が存在しています。同じ内容の会話であっても、これらの要素が変わることによって、話し方のトーンや、相手に向ける表情が変わってくるはずです。

　私たちは状況を「その人が現に置かれている自然的社会的、精神的情勢のすべてを指す」（三省堂『新明解国語辞典』）という広義の意味で取っていますが、細かな状況設定ができているかどうかで、声や表情が自ずと変わってきますし、なによりセリフを自分のものとして身につけて自在に使えるようになるかに大きな違いが出てきます。ディテールをつくり込むことでよりリアルな状況設定ができ、それによって状況によりふさわしいリアルな表現

ができるようになっていきます。

　例えば、今回引用している教科書では、日本人の Mari は海外旅行でロンドンに来ています。そして、ツアーに参加するため現地の旅行会社を訪れ、店員・Staff に話しかけます。

　さらに状況を加えて、次のように設定することもできます。

> **シチュエーション１**：とても寒く雪が降る日。店内の暖房は故障しています。この状況を取り入れて、Mari と Staff の対話文を練習してみます。終わったら役柄を替えてもう一度行います。

> **シチュエーション２**：かつてないほど暑い夏の日、店内の冷房は故障しています。この状況を取り入れて、Mari と Staff の対話文を練習してみます。終わったら役柄を替えてもう一度行います。

　これらの設定は、「季節」「気温」などを設定した場合です。1回のレッスンで１つの対話文に２つのシチュエーションと自分たちで考えたものが時間的にもいいですが、次のように「登場人物の年齢」「性格」「経験値」などを設定することも可能です。

> **シチュエーション３**：若い、不慣れな新人店員・Staff がお客・Mari を相手にあたふたとしている様子を取り入れて、対話文を練習してみましょう。終わったら役柄を替えてもう

一度行います。

> **シチュエーション4**：ベテランですが横柄な年配の店員・
> Staffがお客・Mariに対応しています。この様子を取り入れ
> て、対話文を練習してみましょう。終わったら役柄を替えて
> もう一度行います。

　ここまで詳しくシチュエーションを設定すると、演じる側は登
場人物の気持ちをしっかりと理解することができますし、「暑く
て汗を拭いながらコミュニケーションを取ることになりそうだ
な」「自分だったらイライラしながら会話するだろうな」などと
想像できるので、よりリアリティをもって演じることができます。
　リアリティをもって演じることができると、まるで自分が実際
に体験した出来事であるかのように思えるので、身体にも染み込
みやすいのです。

　次に同じセリフでよいので、自分たちで異なる設定を考えるよ
うに促します。そして発表のときは、いままで行った設定でもい
いですし、自分たちで考えた設定でもいいので、最も行いやすく
自信をもってできるもので発表します。発表するにはリハーサル
が大切です。
　発表がうまくいけば、次回の対話文では以下のような状況で試
してみてもいいです。こうした状況設定は対話文により適したも
のを選ぶことが重要になります。

①穏やかな過ごしやすい日／嵐のなか

②さわやかに泳ぎ終わった海岸／今登ってきたばかりの山の頂上

③教会のミサ中／大賑わいのコンサート会場

④結婚式場／葬儀場

⑤校長先生に呼び出された／後輩と仲良く会話している

など

REHEARSALで行うこと

　練習はペア・グループが教室内の好きな場所で学習して構いません。また、発表に向けての練習はもちろんですが、次のことも行うようにしてください。

①劇や人物を象徴するアイテムの用意

　ペア・グループでの発表前のタイミングは、生徒たちが最も練習に熱が入ります。リハーサルを重ねるごとに、いろいろな意見が出てくると思いますが、リアリティを醸し出すために、セット（机や椅子）の位置、簡単な小道具、衣装なども考えてみたほうがいいと思います。

　物語を象徴するアイテム、いわゆる小道具を用意することは、英会話をより身近なものととらえるうえで大切なことだと考えています。もちろん、なにもアイテムを用意せずとも会話を展開させることはできますが、全員が同じイメージを抱くことができているかによって、会話の出来そのものが大きく変わってくるからです。

会話の出来もさることながら、生徒の意識が授業からドラマモードに切り替わることで、より自然な会話を進めることができます。なかでも教室に必ずある椅子や机、バッグなど日常生活で身近なアイテムが出てくるシーンは行いやすいと思います。

教室が舞台のシーンはもちろん、カフェテリアで学生同士勉強しているシーンでも結構です。お互いにノートを見せ合ったり、水分補給用の飲み物を持ち込んでいるなら、適宜飲んだりしながら会話すれば、より普段に近い状態で対話することができるためリアリティが感じられます。

相手も同じものを見ながら会話しているので、イメージに齟齬が生まれることもありません。お互いに共通の認識の下に行われるため、緊張感も薄れ、リラックスした状態でより自然な会話を展開することができるようになります。

②対話文を各自で書き出させる

できれば教科書を見ないで、いままでの練習で覚えられたことすべてを生徒に書き出させてみせるのも有効です。そのうえで教科書で再確認することでより記憶に定着していきます。

③発表に向けて練習させる

教科書をもたなくても発表できるまで練習するとよりいいです。

④積極的に修正する

練習を続けると生徒自身でここはこうしたい、こう言いたいな

ど、修正箇所が出てきます。また、教室で使えればタブレットな
どで調べさせるのも有効です。そうすることで生徒が自ら考える
オリジナルな対話文が出来上がり、生徒の参加意欲は高まります。
もしおかしな英語や発音があれば訂正することも忘れてはいけま
せん。

REHEARSAL　発表前の練習

　失敗を恐れる気持ちや、うまく演じたいという思いから、普段
は練習嫌いの生徒もこのときばかりは自主的に練習に取り組むは
ずです。

　繰り返し練習することでまずセリフが頭に入り、それが「間違
えない」という自信につながります。さらにパートナーとの練習
を重ねることでお互いの会話のタイミングが図れるようになりま
す。ただ、この発表の目標はいい演技をすることではなく、英語
での自然な会話を成立させることです。

　発表会に向けて頑張って成果を出せば、周囲から褒められるこ
とも多くなるので、その分自分に自信がつきます。その結果やる
気が生まれ、さらに発表そのものが楽しくなっていきます。それ
によって英語での会話が自然とできるようになっていくという好
循環が生まれていくのです。

　英語学習に限ったことではありませんが、成功体験を重ねるこ
とで、本人のやる気も高まり習熟度が高くなるので、教える側は
「うまくいったことを褒める」ことを大事にすべきです。本番で

うまくいった場合はもちろん、休み時間などにリハーサルを頑張っている姿を見かけたときも、努力を褒めてあげるようにするとよいと思います。

SMALL PERFORMANCE　実際に演じさせる

教室内で級友の前で演じることでも、生徒はいつもとは違う感情や感覚をもたらします。自分でも完璧だと言い切れるほどよどみなくセリフを言える状態であったとしても、緊張によってセリフが出てこないこともあるかもしれません。

しかし、そうした緊張を経験することも、英会話の上達のためにはとても大切です。なぜなら初めて日常生活のなかで外国人と接して話をするときも、同じように緊張することがあるからです。

街なかで急に話しかけられてうまく答えられないことや、単語が出てこないことはよくあるものです。しかし、「緊張していてもなんとか乗り切らないといけない」という経験を重ねていると、

実践の場で緊張したときに対処する力が身についていきます。

　会話は生き物であり、実際の会話は決して台本どおりにはいきません。ですからどのような状況にも対応できる訓練の一つとして、まずは緊張に慣れる必要があります。そのためのトレーニングの一つが人前での発表会です。

発表会の実施

① 発表後、ほかのペアやグループは演者たちに大きな拍手を送ります。

　各ペアまたはグループで十分に練習を行ったら、クラスの生徒全員で集まって発表会を開催します。教室の前で順番に発表していきます。

　できれば台本なしで発表するのがベストですが、教科書を手にもち、時々確認するといった状態でも構いません。

セリフを思い出すことに注意がいってしまうよりも、会話が自然にできることのほうが重要です。

発表のあとには、ほかのペアおよびグループは演者を大きな拍手とチアリングでたたえます。

たたえる英語例：(You did a) Good job! / Wonderful! /

Fantastic! / Awesome! / Amazing! … etc.

② 発表後、演者には自己紹介をしてもらいます。

発表が終わったペアまたはグループは、一人ずつみんなの前に立って英語で自己紹介をしてもらいます。前もって自己紹介できるように学習しておきます。

> ## EVALUATION AND REFLECTION
> ## 発表後は評価と反省を

発表後は評価と反省を行います。まず自分の評価と反省、それからお互いに評価し合うことが大切です。

客観的な意見を聞くことで、「人からはこのような点が良くないと思われているのか」と気づくことがあります。逆に、自分では気づかなかった自分の良いところを教えてもらえることもあるので、「良いところをもっと伸ばそう」とモチベーションをアップすることもできます。

そうしてみんなで切磋琢磨（せっさたくま）することによって、最終的に生徒全体のレベルがアップしていきます。

評価表（P.206）は発表するときには生徒に前もって渡しておき、ペア・グループの入れ替えの移動の際に記入するようにすると、時間を有効に使えます。

　全ペア・グループの発表が終わったら、各ペア・グループで反省会を行い、できればもう一度発表します。反省会を行ったあとに再度演じるチャンスがあれば、失敗を踏まえたうえで演じるため、よりよい発表となることが期待できます。なにより、繰り返し演じることで、演じたことが身につきやすくなります。

クラスでペアをつくるときの心得

　ペアの組み方については、机の前後や横の生徒で、あるいは出席簿順や2列にしてランダムに組むなどいくつか方法があります。また、ランダムに組むことで、あまり親しくなかった生徒と知り合うことができたり、新たな生徒の表情や反応を見ることができたりするメリットもあります。

　またアイコンタクトに関しても、メンバーを替えることによっていろいろな人と繰り返すうちに、誰とでも無理なくアイコンタクトを取れるようになれば、自分にとってとても大きな自信となります。

　そのほか英語学習の場合におけるペア活動について、元公立中学校で教鞭を執られ、現在、上智大学文学部英文学科や愛知淑徳大学交流文化学部で非常勤講師を務めている北原延晃先生が書籍

のなかで触れています。「英語の比較的得意な人（リーダー*）と比較的苦手な人（パートナー*）がペアを組む。主に協力して課題やタスクを解決する。いつでもパートナーが恩恵を被るとは限らない。時にはリーダーが『あっ、そうか！』と気付かされる場合もある。また、リーダーはパートナーに教えることによって自分の知識が確実なものになっていく」『英語授業の「幹」をつくる本（下巻）p.17（＊は著者補記）』（2010年　ベネッセコーポレーション）

　ここでのペアでは「お互い納得のうえで組ませ、しばらく同じ時期をともにして切磋琢磨していく」ということです。クラスの生徒の状況によってはこのようにペアを固定するやり方も有効になると思います。

3人1組のグループの場合

　クラスの生徒人数の関係によっては、3人1組でペアを組む必要が出てくることもあります。3人でペアを組む場合、多くは2番目の役を2人で分けます。もちろん対話文により1番目の役を分けたほうがいい場合もあるので、臨機応変に対応することが必要になります。

　3人1組を英語理解のチェックとして有効に使う方法もあります。3人目の生徒が通訳になることで、英語をどれだけ理解しているかを知ることができるのです。

　例えばAさんとBさんが台本に登場する人物と仮定します。

Ａさんは英語しか話せず、Ｂさんは日本語しか話せません。そこで通訳の出番です。通訳はＡさんの英語を日本語にしてＢさんに伝え、Ｂさんの日本語を英語にしてＡさんに伝えるのです。

通訳は英語と日本語を行ったり来たりするので、なかなかハードな役回りとなります。しかし、英語をしっかり理解できているか確認できるため、３人とも順番で通訳役をするようにしてください。３人１組にして、積極的に「Interpreter（通訳）」の役割を設けることで確実に生徒の英語力は向上していきます。

いつも授業で使っている教科書が台本になる！
教科書の例文を使ったドラマメソッドの3ステップ

ステップ 3

同じ対話文のなかのセリフを替えて応用

第3章

SUBSTITUTION 1　教科書の言葉の入れ替え

ほとんどの教科書には入れ替えの言葉が書いてあります。まずはそれを実施します。

その次に簡単に書き換えられる言葉としては、「金額」「時間」「場所」「人数」などが挙げられます。好きな色、動物、食べ物なども、自分の思いを込められるものに変えてみてもいいと思います。名前を自分たちの名前にするとぐっと身近になります。

第4章

SUBSTITUTION 2
状況を変えて、言葉・文章の入れ替え

次は、教科書の対話文の「状況を変えた」場合です。

状況を変えると、話したい言葉が出てきます。英語で何と言えばよいのか、英語も知りたくなるはずです。それを取り入れて、会話するようにしてください。与えられた言葉よりも自分が言いたいと思った言葉のほうがよく覚えているものです。

第5章

また間違いをして恥をかいたものは忘れません。

ここで例を示します。

① 費用がとても高い場合

> Mari: How much does that tour cost?
>
> Staff: £2,000.
>
> Mari: What? £2,000? For each person?
>
> Staff: Yes, £2,000 for each person.
>
> Mari: That's too expensive. I can't afford it. You know this is a present from me. I'm a student and I don't have enough money.
>
> Staff: Then why don't you go with this tour?

日本語訳

マリ：そのツアーはいくらですか？

スタッフ：2,000 ポンドです。

マリ：えっ、2,000 ポンド？　1 人につき？

スタッフ：はい、1 人につき 2,000 ポンドです。

マリ：それは高過ぎて私には買えないわ。これはプレゼントなの。学生だからあまりお金がないんです。

スタッフ：じゃあ、このツアーに参加するのはどうですか？

② 行きたかったツアーがオンラインで売れてしまった場合

Mari: OK. I will take it.

Staff: This is a good tour. Good choice. (Looks at the computer.) Oh, I am really sorry. It's just sold out online.

Mari: Sold out? Really? I can't believe it.

Staff: (Looks at the computer) Oh my, another one is sold out, too.

Mari: Well, let me take this tour, then.

Staff: Thank you.

(日本語訳)

マリ：はい、それにします。

スタッフ：これは良いツアーですよ。いい選択です。(パソコンを見る) ああ、本当にすみません。ただいまオンラインで売り切れてしまいまして。

マリ：売り切れ？ 本当に？ 信じられないわ。

スタッフ：(パソコンを見て) あら、もう１つも完売です。

マリ：じゃあ、このツアーにしてください。

スタッフ：ありがとうございます。

対話文の前後を考える

　対話文の前後を考えて、実施することも可能です。とても面白い発想が出てきて、生徒たちの想像性も刺激され、楽しいものとなるはずです。

　引用した対話文の場合、登場人物を増やして Mari の家族も一緒に会話に加わることができます。例えば、生徒の2人が家族になるシーンを想像しただけでもワクワクします。英語がすぐに出ないなら、まず日本語で考えてからタブレットなどで英語に置き換えてもいいです。生徒の発想に合わせて、先生はしっかりとサポートしていくことが求められます。

REWRITE　上演台本の書き換え

　ここまで話し合いながら作った会話をノートに書いて、何度も練習して発表してもらいます。

　上演台本の書き換えは、ペアまたはグループごとに行います。会話文は、相手の言葉を受けて次の言葉へと続いていくものなので、全員が納得のうえで演じるためには、お互いに意見を出し合って決めていくことになります。また、一人ひとりが意見を出して自分たちでセリフを決めていくことで、確実に身につきます。

　ただし、実際に演じてみると、「なんだかしっくりこなかった」「感情移入しにくかった」という問題が出てくることがあります。その場合は、適宜調整しながらリハーサルを重ねていきます。

PERFORMANCE　台本なしで発表

　このステップでは、発表をみんなが見ている前で台本なしで行うように指示します。ステップ2の発表を複数回繰り返し、さらにステップ3でも練習を重ねているので、ステップ2からはアップデートさせて台本なしで演じるようにすると、生徒たちはセリフを覚えるためにより一生懸命勉強するようになります。

　これまでセリフが覚えられずに台本片手で演じていた生徒も、台本から完全に離れることでより真剣に取り組むようになり、また発表時にも手がフリーになることで動作の自由度が広がります。

　発表の後は、ステップ2と同様にお互いをたたえ合うため、ほかのペアやグループは演者たちに大きな拍手を送ります。そして発表後は演者に英語で自己紹介をさせます。ここでの自己紹介はあらかじめ生徒に教えておくことを忘れないことが大切です。

発表後は評価と反省を、そしてもう一度発表を

　評価はステップ2と同じように行います。その後時間の許す限り、もう一度発表する機会を設けてあげるといいです。生徒のなかには「あれをああやればよかったな」など後悔が残っている場合が意外に多いものです。

第1章

第2章

第3章

第4章

第5章

101

　ここで参考のために Talk and Listen の３ステップにおいて実際に先生が話す英語を参考に紹介します。

　50分レッスンを２回、１対話文で行います。３回目は教科書の残りの部分を行うことも可能です。ここでは、１回目のレッスン

ステップ１　基礎学習

先生の言葉（英語）	先生の言葉（日本語訳）
① Hi, class. How are you?	こんにちは、みなさん。お元気ですか？
Let's do a "Drama Active Lesson" with a dialogue.	それでは対話による「ドラマ・アクティブ・レッスン」をやってみましょう。
② First let's set some rules.	まずはルールを決めます。
Rule 1: You can make mistakes. Don't laugh at the students who make a mistake. We learn through our mistakes.	ルール１、ミスをしても構いません。ミスした人を笑ってはいけません。私たちは失敗を通して学んでいきます。

内容が具体的に分かるようにしています。初めて行うときはすべてを説明するので時間がかかりますが、徐々に説明を省くことは可能になります。以下は一つの例であり、生徒の状況、時間などにより変更してオリジナルな授業を行ってほしいと思います。

補足説明　※以降、内容でこれまでに書いてきたことの繰り返しがありますが、
先生の話とそのタイミングの関係を知っていただきたいためです。

・生徒たちは返事をし、先生に挨拶します。

・このルールは、"Drama Active Lesson"を行うときに紙に書いたものを掲げてもいいです。

Rule 2: Respect each other.	ルール2、お互いを尊重しましょう。
Rule 3: Cooperate with each other.	ルール3、ほかの人と協力しましょう。
Rule 4: Be positive, active and creative. Contribute your ideas.	ルール4、前向きで、積極的で、創造的であってください。 自分のアイデアを積極的に提供しましょう。
Rule 5: Don't fool around.	ルール5、ふざけないでください。
Rule 6: Most of all, enjoy the lesson.	ルール6、何よりもレッスンを楽しみましょう。
③ OK. Let's read today's dialogue, "___". Let's open our textbooks to page …. Let's read the dialogue until the end.	オーケー。 それでは今日の対話文「──」を読んでみましょう。 教科書の……ページを開いてください。 対話文を最後まで読みましょう。
Everyone on page …? Okay, repeat after me.	……ページを開きましたか? いいですか、私のあとに繰り返して言ってみてください。

・先生は生徒たちに、先生が読んだ英語の1行1行を繰り返し言
　わせます。これによって正しい発音とアクセントを覚えます。
　音源を使用することもできます。

・確認しながら先生は生徒に教科書を読む時間を与えます。

Do you understand the English?
Are there any words you don't understand?

What does "―― (a word from the textbook)" mean?

英語は理解できますか?
分からない単語はありますか?

"―― (教科書に出てくる単語)" とはどういう意味ですか?

④ Now, let's make a Talk and Listen page in your notebook.
Please write the dialogue until the (6th)* line.
We will use this page for the basic reading and Dialogue Dynamics exercises.
We will read the rest of the lines later.
Write the numbers next to the lines.

では、ノートに Talk and Listen ページをつくりましょう。
対話文の (6 行目)※までを書き写してください。
この部分を最初のリーディングとダイアログ・ダイナミクスのエクササイズのときに使用します。
残りの対話はのちほど使います。
対話文には連番をふります。

The first character is "A", and the second character is "B".
Let's say that the left page is A, and the right page is B.
On the left "A" page, write the first line of the dialogue followed by an empty line.

最初の人を「A」、2 番目の人を「B」とします。
左のページを A、右のページを B とします。
左の「A」のページには、セリフの最初の行を書き、次の行は空白にします。

・先生は教科書を見ながら、書かれている英語の発音、文法の説明を行ったり内容について質問をしたりします。生徒からの質問に答えます。

※エクササイズがあまり長いと飽きてくるので、どの対話文でも6～8行ぐらいで話の切れ目が目安です。ここでは教科書の引用（P.65）とそろえて6行目までとします。連番をふるのは、指摘したい場所がどこにあるかすぐに分かるようにするためです。

Then, on the right "B" page, start with an empty line, and write the second line of the dialogue.
Continue leaving empty lines and writing B's lines.
Look at the sample here. (※)

⑤ Are you finished?
Now, let's put the desks against the wall and place the chairs in front of the desks.
Make a space in the middle of the classroom.

次に、右の「B」のページは、空白の行から始めて2行目にセリフを書きます。
空行を残してBのセリフを書き続けます。
サンプルはこれです。(※)

終わりましたか？
では、机を壁につけて椅子を机の前に置きましょう。
真ん中に動けるスペースを作ってください。

ステップ 2　Talk and Listen の開始

① EYE-CONTACT

Let's start our "Drama Active Lesson".

それでは「ドラマ・アクティブ・レッスン」を始めましょう。

Please take your Talk and Listen notebook and make two lines, one for A and one for B.

トーク＆リッスンのノートを手にし、AとBの2列をつくってください。

　いつも授業で使っている教科書が台本になる！
教科書の例文を使ったドラマメソッドの3ステップ

※これは2人の人物の対話です。先生はサンプルの参考を示します（P.67の「ノートの取り方」参照）。

・初回以降の授業ではあらかじめスペースを作るようにします。また、初回授業終了後に次回のレッスンで続きを行う場合は、今回の対話文を違った形で表現するということを言っておくといいでしょう。また、次回のレッスンで異なる対話文を行う場合、生徒たちに宿題としてノートにTalk and Listenのページをつくるように言っておきます。（P.136参照）

【ここまでで15分】

・ここからは教科書から引用したノートを使います。

・人数によってペアになったり、3人組になったりすることがあります。3人組の場合、通常Aは1人、Bは2人になります。これは対話文の内容により異なります。毎回違う相手とペアを組むようにして、できるだけいろいろな人と会話ができるよう先生も配慮してください。

Then, let's face each other.
In the case of an odd number of
students, you will have to make a
group of three.

それではお互いに向き合
いましょう。
生徒の数が奇数になる場
合、3人でグループを作り
ます。

The person in front of you is your
partner.
One group might have 3 people.
Let's shake hands and greet each
other.

あなたの前にいる人があ
なたのパートナーです。
3人グループの場合もあり
ます。
握手をして挨拶をしましょ
う。

Fold your notebook in half.
This line on my right, you'll be A, look
at the left side of the notebook.
This line on my left, you'll be B, look
at the right side of the notebook.

ノートを半分に折ってくだ
さい。
私の右列はAさんです。A、
ノートの左ページを見てく
ださい。
左列はBさんです。ノート
の右ページを見てください。

Let's Talk and Listen!

それではTalk and Listen
を始めましょう!

A can only look at the A side, and B
only the B side.

AさんはノートのA側し
か見られず、BさんはB
側しか見られません。

A, look at your notebook and
remember as much as you can.

Aさん、ノートを見てできる
だけ多くのセリフを覚えて

・ペアまたはグループができたら、生徒同士が挨拶します。ここからレッスンが始まります。

・これが「Talk」であり、コミュニケーション確立の前半部分となります。

Look at your partner and talk to your partner.

ください。
それからパートナーのB
さんを見ながら話してくだ
さい。

You can look back at your notebook for the rest of the line, but try to remember the words and talk to your partner until you finish your line.

セリフの続きはノートを見
返しても構いませんが、で
きるだけ単語を覚えて、セ
リフが終わるまでパート
ナーと話すようにしてくだ
さい。

You can show that you have finished by doing a "Your turn" (※) gesture.

自分のセリフが終わったら
『あなたの番です』という
ジェスチャーをすることで、
言い終わったことを示します。

B, A's lines are not written on your side, so look at your partner A.
Try to understand what A is saying.

Bさん、Aさんのセリフは
あなたの側には書かれて
いないので、パートナーの
Aさんを見て、Aさんの
言っていることを理解する
ようにしてください。

※"Your turn"（あなたの番です）というジェスチャーはセリフ
に慣れてきたら行う必要はありません。

・こうすることで、Bさんは単にセリフを聞くのではなく、実際
にAさんが言った話を聞くことができるようになります。これ
が「Listen」であり、コミュニケーション確立の残りの半分で
す。言葉を発する「Talk」とそれを聞く「Listen」、相手とこ
のキャッチボールを繰り返すことでコミュニケーションが取れ
るようになります。同時に、アイコンタクトを自然にとるよう
になります。

また、もしもBさんが、Aさんの言っていることが理解できな
い場合は、"One more time, please?"と言っても構いません。
これは、生徒がTalk and Listenに慣れてから追加で行ってもよい

B, it's your turn to talk. Do the same as A. Look at your notebook and remember as much as you can, then look at your partner A and talk to your partner.	Bさん、今度はあなたが話す番です。 Aさんがやったのと同じことをしてください。 ノートを見てできるだけ多くの言葉を覚えて、それからパートナーのAさんを見ながら話してください。
A and B, make sure you are making eye contact.	AさんとBさん、互いにアイコンタクトを取るようにしてください。
Please continue the dialogue in the same way until the 6th line. OK. Please start.	6行目まで先ほどと同じように対話を続けてください。 分かりましたね。では始めてください。
OK? Finished?	OKですか? 終わりましたか?
Now let's switch roles. This line on my right, you'll be B. This line on my left, you'll be A.	では、役割を交代しましょう。 右側の列はB、あなたです。左側はAです。
Please start.	どうぞ、始めてください。

　いつも授業で使っている教科書が台本になる!
教科書の例文を使ったドラマメソッドの3ステップ

と思います。

生徒たちはノートに書いた6行目まで対話を続けます。

・最初は慣れないために途中で言葉を忘れてしまったり、話し方がたどたどしかったりすると思います。それでもまったく構いません。

生徒たちが「失敗した」と思わないように、先生はせかしたり無理に続けさせたりせずに、生徒をうまくフォローしてあげてください。特にノートに向かって読むのでなく、パートナーの目を見て、話しかけるように指導します。先生はペア・グループがどのようにやっているか見て回ります。うまくやっている、見本として皆に見せたいなどペア・グループを覚えておいて発表のときに指名することもあります。

・先ほどと同じように生徒たちは6行目まで対話を続けます。

OK? Finished?

OK ですか？ 終わりました
か？

② DIALOGUE DYNAMICS（DD）

Now, let's proceed to the Dialogue
Dynamics exercise.
This line on my right is A again and
you will talk in a low tone, like this.
B, you will talk in a high tone,
like this.
OK, start.

次にダイアログ・ダイナミ
クスのエクササイズに進み
ましょう。
この右側はまた A さんで、
こんなふうに低い声で話し
てください。
逆に B さんはこのように
高い声で話します。
さあ、始めましょう。

Finished?
Now, let's switch our tones.
A, you talk in a high tone.
B, you talk in a low tone.
OK, start.

終わりましたか？
今度は声音を変えましょう。
A さんは高い声で、B さん
は低い声で話してください。
さあ、始めましょう。

Finished?
Now, switch roles.
This line on my right, you'll be B.
This line on my left, you'll be A.

終わりましたか？
では、役を交代してくださ
い。
右側の列は B さん、
左側は A さんです。

・これでTalk and Listenの準備段階は終了です。ここまでのプロセスで生徒たちもだいぶ慣れてきたと思います。ここからはワンランク上の授業内容として、ダイアログ・ダイナミクス（DD）を実践していきます。　　【ここまでで3分／累計18分】

・先生はAさんの最初のセリフを低い声で言い、次にBさんの最初のセリフを高い声で言います。両方の違いをはっきりさせるために、大げさなくらいに極端にやってみてください。

・生徒たちはノートに書いた会話文の6行目のセリフまで練習します。恥ずかしがって最初は極端にはできないと思いますが、彼らが思いきりできるように先生もフォローしてあげてください。

・今度は同じ役を異なった声音で話します。言葉はそのままで、話す声の高低を交代して会話します。生徒たちに6行目まで対話してもらいます。

・役割を交代します。

B, you will talk in a low tone.	Bさんは低い声で、
A, you will talk in a high tone.	Aさんは高い声で会話して
Let's do it!	ください。
	さあ、やってみましょう！
OK? Finished?	いいですか？終わりましたか？
Now, switch our tones.	今度は声音を変えましょう。
B, you talk in a high tone.	Bさんは高い声で、
A, you talk in a low tone.	Aさんは低い声で話してく
Let's do it!	ださい。
	さあ、やってみましょう！
OK? Finished?	いいですか？ 終わりまし
Now, let's have a small performance	たか？
with a few pairs or a group.	では、 今度はみんなの前
The others will watch.	で何組か、あるいはグルー
	プで発表してみましょう。
	ほかの人たちはそれを見て
	いてください。
Which pairs or group want to try?	さあ、 挑戦したいのはど
	のペア・グループですか？
OK, the pair / group that is	OK、発表するペア・グルー
performing, stay where you are.	プは、 その場にいてくださ
Everyone else, take one step back	い。ほかの人は1歩下がっ
and sit down, so we can watch!	て座って見ていてください！

いつも授業で使っている教科書が台本になる！
教科書の例文を使ったドラマメソッドの3ステップ

・今度は替わった役を異なった声音で話します。

・何組かのペアまたは3人組に挙手を促します。先生は立候補した生徒たちに、みんなの前で発表してもらいます。もしも立候補する生徒がいない場合は、先生がペアやグループを指名してください。

・発表する生徒たちはその場で立って対話します。ほかの生徒たちは後ろに下がって座り発表者を見ます。発表したいペアが複数あれば、時間の許す限り順番に発表してもらいます。

Please start.	始めてください。
Give them a big hand. Great!	彼らに盛大な拍手を！　と
The contrast was great!	ても良かった！
Thank you very much.	コントラストが良かった！
	ありがとう。
Now let's try another Dialogue	では、ダイアログ・ダイナ
Dynamics exercise.	ミクスのエクササイズをも
	う1つやってみましょう。
This line on my right is A again and	この右側はAさんで、こ
you will talk very slowly, like this.	んなふうにとてもゆっくり
B, you will talk very fast, like this.	話してください。
OK? Let's do it.	Bさんは逆に早口で話して
	ください。こんな感じです。
	さあ、やってみましょう。
Finished?	終わりましたか？
Now, switch. A, you will talk very fast.	今度は話すスピードを変え
B, you will talk very slowly.	ましょう。
OK? Let's do it!	Aさんはとても早口で、
	Bさんはとてもゆっくりと
	話してください。
	さあ、やってみましょう。

いつも授業で使っている教科書が台本になる！
教科書の例文を使ったドラマメソッドの3ステップ

途中で笑いも起きるかもしれませんが、先生は生徒が途中でやめてしまったりしないように応援してください。発表している生徒が最後のセリフを言い終えるまで対話を続けさせます。

・ペアやグループが発表を終えたら、みんなで拍手と声援を送ります。先生は生徒のパフォーマンスについてコメントします。例えば、「とても良かった！　コントラストが良かった！」などと温かい言葉をかけて、拍手を送ります。

【ここまでで3分／累計21分】

・先生はAさんの最初の対話文をとてもゆっくり言い、次にBさんの最初の対話文をとても速く言います。最初に行ったDDと同様に、笑いが起きるくらいに大げさで構いません。生徒たちには練習を繰り返してもらいます。

・今度は同じ役を異なったスピードで話します。

第1章

第2章

第3章

第4章

第5章

Finished?
Now, switch roles.
This line on my right, you'll be B.
This line on my left, you'll be A.

終わりましたか？
では、役割を交代してください。
今度は右側がBさん、左側がAさんです。

B, you will talk very fast.
A, you will talk very slowly.
Let's do it!

Bさんはとても早口で話します。
Aさんはゆっくり話してください。
さあ、やってみましょう！

Finished?
Now, switch the speed.
B, you will talk very slowly.
A, you will talk very fast.
Please start.

終わりましたか？
今度はスピードを変えましょう。
Bさんはとてもゆっくり、Aさんはとても早口で話してください。
始めてください。

OK? Finished?
Now, let's have a small performance with a few pairs or a group.
The others will watch.

OKですか？　終わりましたか？
では、数組のグループで演じてみましょう。
ほかの人たちはそれを見ていてください。

Which pairs or group want to try?

さあ、挑戦するのはどのペアかグループですか？

いつも授業で使っている教科書が台本になる！
教科書の例文を使ったドラマメソッドの3ステップ

・今度は役を交代し、異なったスピードで話します。

・今度は同じ役を異なったスピードで話します。

・何組かのペアまたは3人組に手を挙げさせます。先生は立候補
　した生徒たちに、みんなの前で発表させます。もしも立候補す
　る生徒がいない場合は、先生がペアやグループを指名してくだ
　さい。

・その頃には、生徒たちは何度も繰り返して練習をしているため、
　対話文もその意味も自分のなかに浸透し、自然に出てくるよう
　になります。ペア・グループによって進行具合が異なりますが、
　早く終わったところには、もう一度練習するように言います。

OK, the pair / group that is performing, stay where you are. Everyone else, take one step back and sit down, so we can watch! Please start.

OK、発表をするペア・グループは、その場にいてください。
ほかの人は１歩下がって座り、見ていてください！
始めてください。

Give them a big hand.
Wonderful! Your eye contact was superb!
Thank you very much.

彼らに盛大な拍手を！
素晴らしい！ アイコンタクトが素晴らしかった。
ありがとう。

③ SITUATION

Let's proceed to the next step.
This time, we will do the whole dialogue.
Take the textbook and read from the 7th line by yourselves.

それでは次のステップに進みましょう。
今度は対話文の最後まで行います。
教科書を持って各自７行目から最後まで読んでください。

・発表する生徒が最後の対話文を言い終えるまで対話を続けてもらいます。

・演者のペアやグループが演技を終えたら、みんなで拍手と声援を送ります。先生は生徒のパフォーマンスについてコメントします。例えば、「素晴らしい！　アイコンタクトが素晴らしかった！」などと温かい言葉をかけて、拍手を送ります。

・DDでトーンの違いを出すときとスピードの違いを出すときに、「低い声で」「ゆっくりと話す」を最初にもってきていますが、これは「高い声で」「速く話す」よりも行いやすいのでこのような順番にしています。生徒が積極的ではずかしがり屋が少ない場合、反対にしても構いません。

【ここまでで３分／累計24分】

Get a new partner. Make two lines and greet each other.	新しい相手と組みます。 2列になり挨拶を交わして ください。
Let's set up some situations.	まずはいくつかのシチュ エーションを設定します。
The right line will be A, and the left line, B.	右側は A さん、左側は B さんです。
The first situation is "It's a freezing cold day". You are shivering with cold.	最初のシチュエーションは "凍えるような寒い日"です。 あなたたちは寒さに震えて います。
It's very cold and you are not wearing enough. Both of you. It's freezing!	とても寒いし、それをしの げるだけの暖かい服装で はありません。 寒くて 2 人とも凍えていま す！
Let's do until the end of the dialogue. Even though the lines are not separated, look at your partner when you talk. When you finish, switch roles and do the dialogue again. Start whenever you are ready. (※)	対話文の最後まで行ってく ださい。 セリフが分かれていなくて も話すときは相手の目を見 て話してください。終わっ たら役を交代してもう一度 対話文を行ってください。 いつでも始めてください。

・パートナーを替えても構いません。挨拶を交わしますが、いつもの挨拶に加えて、天候、曜日などを加えていくこともできます。

・ここは教科書を使いますので、セリフは分けられていません。しかし、話すときや聞くときはアイコンタクトを取るように生徒に言います。

・先生も実際に寒さに震えるようにします。先生自ら率先して表現することで、生徒たちにお手本として一例を示すだけでなく、生徒たちの恥ずかしいと思う気持ちを軽減させるのに役立ちます。

・なかなか寒さを表現できない生徒もいるかと思いますが、無理にやらせるのではなく、本人のやりたいようにやらせてあげてください。終了後に、その生徒の演技を褒めたうえで、「こういうやり方もあるよ」という形で別のパターンを提示してあげることもできます。

・本人のやる気をそぐような否定的な言葉は言わないように注意しましょう。生徒たちには最後まで対話させます。

・終わったら役を交代して対話文を行ってください。

（※）"Start whenever you are ready"（いつでも始めてください）は、先生が開始の指示を出すのでなく、生徒たちが自分たちの意思で自主的に開始するようにします。

Let's proceed to the second situation.	では 2 番目のシチュエーションに進みましょう。
The right line will be B, and the left line A.	右側は B さん、左側は A さんです。
The second situation is "It's a crazy hot day". You are sweating and wiping the sweat from your forehead.	2 つ目のシチュエーションは "恐ろしく暑い日" です。あなたは汗をかき、額から落ちる汗を拭いています。
Let's do until the end of the dialogue. When you finish, switch roles and do the dialogue again. Start whenever you are ready.	ダイアログの最後まで行ってください。終わったら役を交代して対話文をもう一度行ってください。いつでも始めてください。
Now, let's move on to the third situation. Please discuss your situation. When you talk about situations, think about ① When ② Where ③ Who ④ What ⑤ Why and ⑥ With what: for example, what sets, props, costumes, etc. you will need. I will give you one minute to talk about your own situation.	さて、3つ目のシチュエーションです。自分たちのシチュエーションを話し合ってください。シチュエーションについて話すときは、①いつ、②どこで、③誰が、④何を、⑤なぜ、⑥何を使って：例えば、どのようなセット、小道具、衣装などが必要かを話してください。自分たちの状況を 1 分間話してみてください。

いつも授業で使っている教科書が台本になる！
教科書の例文を使ったドラマメソッドの3ステップ

・前のレッスンと同じように生徒たちは最後まで対話します。
　今度は前とは逆にものすごく暑い設定なので、それに合わせて
　暑くて苦しんでいることを表現します。先生も額の汗を拭うよ
　うにしてください。

The situation is, for example, you are in a hurry.
Think about why you are in a hurry.
Or you are tired. Think about why you are tired.
Talk about the third situation, please.
You can rehearse wherever you want.

シチュエーションの例としては、急いでいます。
ではなぜ急いでいるのか考えてください。
または、疲れています。なぜ疲れているのかを考えてください。
さあ、3番目の状況を話し合ってください。
どこで練習しても構いません。

④ REHEARSAL

May I have your attention, please.
Let's do a small performance.
Each pair or group will perform in front of the class. But before that you can rehearse. Find your own space anywhere in the classroom to rehearse.
When you perform, choose a cold place, a hot place, or your own situation you have just discussed. You have 5 minutes to rehearse. You can set up tables and chairs, and use props.
Do you understand?
So, let's get started.
Rehearse, please.

皆さん、いいですか?
スモールパフォーマンスをしましょう。
ペアまたはグループは、みんなの前で発表します。発表の前にリハーサルをしましょう。教室内のどこでも自分たちのスペースを見つけて行ってください。
パフォーマンスでは、寒い場所、暑い場所、または今自分たちが話したシチュエーションから選びます。リハーサル時間は5分です。机やイスを並べたり、小道具を用意したりし

第2章

【ここまで3分／累計27分】

・生徒たちはペアまたはグループで相談しながら、5分間でなんのシチュエーションを行うか決め、机や椅子、小道具などを準備し、練習します。下線を引いた部分は、一度では分からないときがあるので、繰り返して言ってください。先生は前と同じようにペア・グループを回り、生徒の様子を見たり、アドバイスを与えたりします。

て構いません。

いいですか？　では、始め
てください。どうぞ！

Performance time is getting close. Are you ready? After the performance, bow to the audience. Audience, try to imagine the situation of the performers. Especially when it's their own situation.	パフォーマンスの時間が迫ってきました。 準備はいいですか？ 発表が終わったら、観客に向かってお辞儀をしてください。 観客のみなさんは、どんなシチュエーションなのかを想像してみてください。特に彼らが考えたシチュエーションのときは。

⑤ SMALL PERFORMANCE

Are you ready? Who wants to perform first?	いいですか？ 誰が最初に発表したいですか？

Good, will this pair / group go first, please? And then, perform clockwise. The first one, go ahead.	では、このペア・グループからお願いします。 そして、時計回りに順番に演技していきます。 最初のペア、どうぞ。

【5 分後】

・練習の時間は残りの授業時間によって考えます。残り時間が少
　ない場合は、次回のレッスンにしても構いません。

【ここまで 5 分／累計 32 分】

・何組かのペアまたは3人組に手を挙げさせます。先生はそのな
　かから最初の演者を指名します。

・希望ペア・グループがいない場合、先生が指名します。1組30
　秒以内を目安に、20組（約40人）が発表できるようにします。
　残りの授業時間を使って、何組演じさせるのかを決めます。ま
　た、発表は最後のセリフを言い終えるまで続けます。評価表
　（P.206）は発表のときに渡しておきますが、発表後の移動の
　際に書くと時間が有効に使えます。

Great job! Amazing!
I especially liked your reactions.

よくできました！ 素晴らし
い！
特にリアクションが良かっ
たですね。

Could you imagine what the situation
was?
Especially their own situation.
What do you think?
You know the 6Ws of the Drama
Method.
① When ② Where ③ Who ④ What
⑤ Why ⑥ With what
Can you imagine?

どんなシチュエーション
だったか想像できますか？
特に彼らが考えたシチュ
エーションはどう思います
か？
ドラマメソッドの6W に当
てはめて考えてみましょう。
①いつ ②どこで ③誰が
④何を ⑤なぜ ⑥何を
使って？
考えられますか？

⑥ EVALUATION AND REFLECTION

Let's evaluate your performances
using the evaluation sheet!

それでは評価シートを使っ
て自分たちの発表を評価
しましょう！

How many points did you get?
10? Close to 8? 6? 4? 2? 0?
If you get a low score, try to get a

何点取りましたか？
10 ？ 8 ポイント近く？
6 ？ 4 ？ 2 ？ 0 ？

・ペア・グループが発表を終えたら、みんなで拍手と声援を送ります。先生は生徒のパフォーマンスについてコメントします。例えば、「リアクションが良かった」などと温かい言葉をかけて、拍手を送ります。

・先生は特に自分たちのシチュエーションで発表したペア・グループがどんなだったかをほかの生徒に聞きます。

【ここまでで12分／累計44分】

・先生は評価について説明します。演技をしてみての感想や何が良かったか、もう少しこうすれば良かったという点はあるか、など、自己評価の基準を示します。
生徒たちには、この評価は自分が成長するための記録であることをしっかりと理解してもらうようにします。

higher score next time.	低いポイントの生徒は、次回良いポイントを取るように頑張りましょう。
Everyone, you did an incredible job! Well done. I am proud of you.	みなさん、信じられないような素晴らしい発表を見せてくれました！ とてもよかったです。みなさんを誇りに思います。

（A）初級者でこの対話文を終了する場合

Thank you. Next time we will do the next dialogue, so read it at home and please make a Talk and Listen page like we did in class today.	ありがとうございました。次回は次のダイアログを行いますので、家で読んで、今日の授業でやったように Talk and Listen のページをつくっておいてください。
Let's call it a day. Goodbye! Wonderful job!	今日はこれで終わりにしましょう。 さようなら！ みんなよく頑張りました！

（B）中級者でさらにこのダイアログを使用する場合

Thank you. Next time, we will use the same dialogue, but we will substitute or	ありがとうございました。次回は同じ対話文を行いますが、言葉を入れ替え

・授業の最後の締めくくりとして、先生は生徒たちに一言話します。

・生徒の英語レベルにより、次回のレッスンは（A）次の対話文を行うか、または（B）その対話文を深めるかを先生が判断します。

| change the words, and develop it further. Think about which words you might want to replace or change. For example, perhaps you could change the price or the traits of the characters.
Let's look forward to the next lesson. | たり、変化させたりしてさらに発展させます。
どの言葉を入れ替えたり、変化させたりするか考えてきてください。例えば、価格を変更する、性格を変えるなど。
次回のレッスンをお楽しみに。 |
| Let's call it a day.
Goodbye! Wonderful job! | 今日はこれで終わりにしましょう。
さようなら！ みんなよく頑張りました！ |

　気がついた人も多いと思いますが、生徒に向けて Give them a big hand（拍手喝采する）のあとの「良い」という言葉を毎回変えてきました。Good job! Wonderful! Fantastic! Awesome! Great job! Amazing! Well done! などです。

・先生も生徒たちも、互いに拍手を送り合い、授業を終了します。

【ここまでで6分／累計50分】

　また先生のコメントも変えました。また、Incredible! Superb!
など、少し難しい言葉も使っていくといいと思います。このよう
にいろいろと言葉を変えることによって生徒が新しい表現も覚え
ることができますし、広がりをもたせることができます。

第 **4** 章

教室でも生徒の英会話力は
驚くほど UP する

英語劇の台本を使用した指導例

等しく生徒に表現のチャンスを与える Super-STAGE

Super-STAGEが課題を解決

　英語劇の場合、人に見せることが目的になります。役を決めて、セリフにハイライトし、それを覚え、動きを決めて、ほかの役の人と対話をしますが、この繰り返しで間違いなく劇を進行することが良い劇だといわれています。

　一方、Super-STAGE は英語学習を目的としますので、台本を覚えるのは最終段階となります。リハーサルのときに「台本と遊ぼう（Play with a script）」という観点に立ってさまざまなエクササイズを行います。自分のセリフだけでなく、台本全体を読むことになるので、劇に対する理解も深まります。

　通常の劇のつくり方と異なるため、"劇"をイメージしている生徒には抵抗があるかもしれませんが、目的が英語学習であり、一度やり始めると楽しく、自ら主体的に劇をつくり上げていくことになるので満足度も高くなると思います。この手法は短い劇、あるいは劇のワンシーンで行います。いままでの英語劇の課題とその解決、さらには具体的な指導例を提示していきます。

 教室でも生徒の英会話力は驚くほどUPする
英語劇の台本を使用した指導例

課題解決 ①　セリフ量の差を解消

　英語劇の１つ目の課題は、役柄によってセリフの量に差が出てしまうことでした。たくさんセリフがある主人公を任された生徒は、セリフを覚えるために否応なしに何度も自主練習を重ねることになります。一方、一言二言のセリフしかない端役に配役された生徒は、ほとんど練習しなくても本番に挑めるため、新しい知識が身につきにくくなります。

　こういった不公平をなくすため、極端ですが配役は発表会当日に観客たちの目の前で抽選を行って決めることもあります。誰がどの役になるか分からなければ、台本全体を覚えなければならず、１人の生徒に偏ることなく生徒全員に公平な機会が与えられます。

　配役の抽選を行う際、セリフをすべて覚えなくてはならないため、生徒のなかにはその量に抵抗を示す人もいます。そこで、失敗は極力避けたいため、「発表の３日前までに当日くじ引きで配役を決めて行うか、またはあらかじめ決まった役で行うかを決めましょう（３日前ルール）」と言えば、安心して練習に励むようになります。すべての役をやらなくてはならないと思うと自然に真剣さも変わってくるものです。

　発表会当日まで自分の演じる役が分からないとなると、全員必死で勉強します。「どんなふうに演じるか」という以前に、セリフを覚えてしまわなくては始まらないので、家庭でも学習するようになります。もちろん、生徒たちから「不公平だ」との不満の声が上がることもありません。

課題解決 ②　実際の会話力を向上させる

　2つ目の課題は、「舞台の上では流暢に英語を話していたけれど、実際の会話となるとうまくいかない」ということです。

　従来の英語劇ではあらかじめ相手の言うことが分かっていますし、自分の話す内容も決められています。つまり事前に会話が与えられているのです。しかし当然、現実の会話では相手が何を言うか分かりません。それに対して自分がどう答えるべきかも、リアルタイムで瞬時に判断しなければならないのです。

　一つのことを集中的に繰り返し行うことは、演劇としてはとても大切なことですが、こと現実の会話となるとこれが逆効果となります。同じことの繰り返しでは、マンネリ化して、応用が利かなくなることがあります。

　例えば人前でスピーチをするとき、緊張のあまり頭が真っ白になり、話すべき内容が完全に頭から飛んでしまうことがあります。

　これを解消するため、Super-STAGE では台本をベースにして、内容は同じでも自分たちの知っている英語で話すことを繰り返します。初めはたどたどしく話しますが、次第に慣れてきて、自分たちでセリフを変更したり追加したりできるようになります。

　さらにアドリブで会話を続ける訓練を重ねていけば、即興力も身につきます。そうなれば実際の会話で言葉が出なくなるようなことはなくなります。

課題解決 ③　見せるための発表ではない

　3つ目の課題は、人前で演じる「発表の場」を設けることによって、生徒たちが見られることに意識をフォーカスし過ぎてしまうことです。つまり、英語よりも演技に重点をおいてしまう生徒が出てきてしまうのです。

　もちろん、良い演技をしようという意識をもつことはすばらしいことです。しかし「人の目にどう映るか？」に、過剰に意識を取られてしまうと、自然な会話をするという本来の目的を見失ってしまうことになりかねません。必要以上のオーバーアクションや機械的なセリフになってしまっては、英会話力の習得には役立ちません。

　ところが即興性や創造性を重視する Super-STAGE では、瞬時に変わっていくセリフやシチュエーションへの対応に意識を集中しなければなりません。そうなると人の目を気にしている余裕などなくなり、演技よりも会話に集中できるのです。

Super-STAGE導入による５大効果

これまで以上に…
1. 変化に瞬時に **対応する力**がつく
2. 真の「会話」が成立する
3. 生徒の個性が生きてくる
4. 生徒の積極性・柔軟性が高まる
5. 羞恥心を克服できる

リハーサル中、先生はあえて何もしない

生徒の自主性が第一

Super-STAGE が大事にしているのは、生徒の自主性です。そのため Super-STAGE におけるリハーサルでは、先生はあえて何もせず、生徒たちを見守る立場を取ります。

2020 年に出された学習指導要領でも「主体的・対話的で深い学び」というテーマが重視され、従来の教師から一方的に講義する授業ではなく、生徒側（学修者）が能動的に参加する学習法を推奨しています。これはそれまでのアクティブ・ラーニングをより分かりやすく言い換えたものといえます。

Super-STAGE においても同様で、指導者は最初に基本的なレッスンの説明を話しますが、その後はすべて生徒たち自身で意見を出し合い、調整してつくり上げていきます。

生徒たちが自主的につくっていくことで、より自然でいきいきとした内容になっていきます。またその過程で、生徒たちの積極性が養われ、想像力や応用力、さらには生徒同士のコミュニケーション能力の向上が期待できます。

基本は先生と生徒の信頼関係

　Super-STAGE の方法を取り入れるうえでまず大切なのは、先生と生徒の間で信頼関係を築くことです。「間違えても問題ない」という雰囲気をつくることができれば、先生も生徒もリラックスして楽しめます。

　授業開始時に英語で声掛けして身体を動かしたりウオームアップしたりすれば、さらに効果的です。みんなで英語の歌を歌ってみるのもいいと思います。そうやって全員がリラックスしたところで、先生は生徒たちにトライアル＆エラーの精神で積極的に参加することを促します。

　表現や表情には正解も間違いもありません。一人ひとりから出てくる表現や表情をお互いに認め合い、お互いの存在やアイデアを認め合うことが大切だと教えることはとても重要です。

　大きく表現することに慣れている生徒、不慣れな生徒、声の大小や身振り手振りまで、生徒たちの表現には何一つ同じものはありません。それらのすべてを互いに尊重することで、「また違うものをつくろう」「今度はこういうふうにしよう」という積極性と創造性を促すようにします。

　先生はまた、練習の段階から相手とのアイコンタクトを実際に取ることが、相手の一瞬一瞬の表情を読み取る力を養うことにつながると教えることが大切です。相手の表情が読み取れるようになれば、相手の反応に柔軟に対応することもできるようになります。

そのとき、その場、その相手に最もふさわしい表現や表情があります。それを引き出すためにさまざまな練習を行うわけです。「間違っていたらどうしよう……」という不安が表情や口調に表れることもありますが、間違えることはまったく問題ないという認識を全員で共有しておけば、誰もが英語を話すことをより楽しめます。ただし、楽しみ過ぎて「おふざけ」になるのはご法度です。楽しむ姿勢と同時に、真剣に取り組む姿勢も保つことが肝要です。

　また授業中に生徒から意見が出た場合は、できるだけその意見を取り入れることによって参加意欲を促します。間違いを恐れない、自分たちが授業をつくっていく、そういった環境をつくっていくことでSuper-STAGEの効果を十分に発揮することが可能になります。

実際の英語劇台本を使用する理由

日常の再現から英会話体験へと昇華

　Super-STAGE では既製の比較的やさしい英語劇台本を教材として使用します。それは演じることによって、日常生活におけるさまざまな出来事を「再現」することで、あたかもその出来事を英語で経験したかのような感覚が身につき、習熟度が深まるためです。

　例えば、遊びに行こうとしたら母親に呼び止められ、部屋が汚いので掃除をしなさいと言われることは日常でも起こり得ることだと思います。この内容が織り込まれている英語劇台本を実演してみることで、自分の日常と英語が自然に一体化している感覚を得られます。

　つまり、英語で日常を再現することによって、習った英語を知識として頭に蓄えただけでは得られない「経験」を得られるということです。

　たとえ学習上の疑似体験であろうと問題ありません。決まったセリフの台本だとしても、状況の設定によって演じ方も変わって

きますし、そのときの気分によっても、声が大きかったり小さかったりと違いが生まれてきます。また、それに対応する相手の演技も変化していきます。そしてそれをつくっていくのは先生でも演出家でもなく、生徒たち自身なのです。

　台本があったとしても演技はライブであり、生き物です。その瞬間の演技は紛れもなく「体験」として演じる生徒たちの心と脳にしっかりと刻まれます。

　こうした英語による疑似体験が実際に外国人と会話する場合のシミュレーションとなり、積み重ねてきた体験を応用することで恐れたり慌てたりすることなく、自然に対処できるようになっていきます。

　そのテキストとして最適なのが日常生活に即した英語劇台本といえます。私たちはこのような台本のことを、日常英会話劇と呼んでいます。

　現在は幼児や小・中学生用の台本や、大人を交えたミュージカルまで、さまざまな英語劇の台本がインターネットでも入手できます。高校生以上であれば、人気海外ドラマなどの台本も活用できます。しかし、レッスンの教材とするなら、やはり日常生活を題材とした台本がベストです。その台本にさまざまなエクササイズを仕掛けていくのがSuper-STAGEとなります。

　すでにしっかりとした筋のある台本であれば、指導の際にどんなにアレンジを加えても根幹が揺らぐことはないはずです。

　あとは先生がいかにして、生徒たちがSuper-STAGEを楽しみ、積極的に活用できる状況をつくりだしていけるかです。

台本は日常会話に即したものが最適

英語の応用力を養うのは日常会話

　英語劇の台本は、日常会話に特化したものを選ぶことがとても大切です。なぜなら、日常的に使うことがほとんどない文脈や表現を織り交ぜていても、実践で活かせることはめったにありませんし、もしそのような機会が訪れたとしても、使う頻度が少ないがために忘れてしまっている可能性が高いからです。

　また、例えばアメリカ人にとっては日常的であっても、日本人にとってはそうでないということもあり得ます。これは、文化や習慣が異なるのですから当たり前のことです。法律用語や医療用語など、専門的なシチュエーションとなるものも避けるべきです。

　さらに日常会話に即した台本を選ぶことは、「現実を織り交ぜられる」というメリットもあります。例えば、"What time is it now?"（今、何時ですか？）というセリフに対して、台本には返答として時間が書かれていますが、そのとおりの時間を答えなくても台本の流れが変わらないのなら、セリフを発する際に時計を確認して、そのときの本当の時間を答えてもいいわけです。

自分の好きなものや趣味、食べ物などの話題であれば、例えばチョコレートの話がキャンディに変わっても、台本の流れに問題なければ入れ替えることができますし、「どういうところが好きか」というような内容も独自にアレンジしていけます。

　シチュエーションについても同じことがいえます。台本の設定が朝である場合でも、内容さえ変わらなければ夜に変更し、例えば朝食を夕食に入れ替えることもできると思います。ただし、劇の内容が変化してしまうものには当てはまりません。例えば、シンデレラにおける夜中の12：00という時間の設定は変えられません。

　このように台本の自由度が活かせる部分を利用し、さまざまな工夫をすることによって、より「生きた英語」を習得させることにつながるのです。

（※）時間を変えてもよいセリフなら、実際の時間を言うことも可能です。

ここからはSuper-STAGEの指導例をいくつか提案しますが、「台本と遊ぼう（Play with a script）」、つまり台本のある部分をゲーム化するという言葉がいちばん理解しやすいと思います。台本を題材として扱い、役名を入れたり、セリフや単語そのものを入れ替えたりして、パズルやクイズを楽しむように言葉を使って遊んでいきます。

　指導例1は発表のときに行う極端な例ですが、指導例2以降は初めての台本読みのときから行います。

　指導例をゲーム化した台本をあらかじめ作っておき、それを生徒に手渡します。すべての台本を読むことになるので、自ずと時間はかかりますが、英語の言葉、文法などを含めて理解しないとこれらの箇所は解けません。言い換えれば問題の答えはすべて台本のなかにあるので、きちんと理解してさえいれば多少の混乱はあったとしても正解に辿りつき、そこまでのプロセスを十分に楽しめます。

　初めの台本読みでは、エクササイズの箇所は飛ばして、台本すべてをみんなで読み上げます。

　それだけ台本を理解すると、自分たちで話し合って配役を決めることも可能になるわけです。こうした工夫により生徒の参加意欲も上がり、自主的に取り組むようになっていきます。

LOTTERY SYSTEM
本番時に配役を決定・抽選方式

セリフはすべて頭に入れさせよう

　この方式はいちばん特徴的で分かりやすいですが、実は一番ハードルが高いものでもあります。10分くらいのショートプレイまたは劇のワンシーンでトライしてみるのがいいと思います。また、すべての役の抽選ではなく、ある特定の役、あるいは劇にグループがあるならそのグループを抽選するなど、生徒の状況に応じて判断していくことになります。

　このような難しいことにチャレンジするにはいくつか理由があります。まず事前に演じる役が決まっていると、生徒がその役のセリフしか覚えなくなってしまうためです。また、役によってセリフの量が違うことから、不公平だと生徒から不満の声が上がる可能性もあります。

　当日に抽選方式でキャスティングするとなると、誰もがどの役になっても演じることができるよう自主的に練習を重ねてきます。

もちろん、すべての役のセリフを覚えることは簡単なことではありませんし、それなりに時間もかかります。このような機会がなければ挑戦する人は少ないですし、だからこそ、どの生徒にとっても、知識やスキルを磨く大きなチャンスとなり得るのです。

さらにすべての役のセリフを覚えることで、物語全体の流れとどの役柄がどのような劇中でどのような機能を果たしているのかを理解できます。主役なのか脇役なのか敵役なのか、もちろん日常的な劇なので極端に分かれているわけではありませんが、劇中のポジションが把握できることで演技の仕方もつかみやすくなってきます。そうなればどんな役が来ても動じることなく、演じることができるようになるはずです。

また、抽選方式であれば、観客や生徒たちに出来レースを疑われることもなく、公平性を示すこともできます。抽選方式を本番時に取り入れて配役を決定することにより、レッスン以外のことで無駄な軋轢やトラブルを避けることにもつながるのです。

抽選方式を初めて導入したときの生徒の反応に驚き、また先生の一言がいかに大切かを痛感したことがありました。生徒に対して「セリフをすべて覚えてください」と伝えたところ、「全部覚えていいの？」という言葉が返ってきたのです。先生側からの言葉掛け一つで、生徒たちの意識が活性化し、自らすべてのセリフを覚える努力をし始めました。彼らの固定観念を取り除くこともドラマメソッドを実践するうえで重要な要素の一つとなります。

TAKE AWAY CHARACTERS' NAMES
配役名を取り除いて生徒たちがキャスティング

生徒たちが自主的にキャスティング

　役名を消した台本を使って、生徒たちが自らキャスティングするという方法もとても有意義です。まず、役名を書いていない台本を用意します。ただし、メインキャラクターの名前は残したままでも構いません。生徒たちの英語のレベルによって適宜調整します。

　先生はどんな人物が何人登場するかを生徒に説明して、全員が理解したら、生徒たち自らにキャスティングしてもらいます。生徒たちはお互いをよく知っているので、先生よりも的確な配役を行う可能性が高くなります。

　ただし、どんなストーリーで、それぞれのキャラクターにはどんな特徴があるのかをしっかりと理解できていないと、いい配役はできません。そのため、まずは台本をしっかりすべて読んで、会話文の理解を深めてもらうことが大切です。

　メインキャラクターの名前は残し、役名を消した台本は例えばP.159の例のようなものです。まずはオリジナル台本より示します。

【オリジナル台本例】

　ボニーをサプライズ誕生パーティへ誘おうとしています。ボニーは、来週の金曜日にあるレポートを提出しなくてはならないので、来ることを渋っている1シーンです。

Bonnie:　I have this report that I have to submit by next Friday.

Victoria:　Everyone will be so disappointed if you don't come.

Rebecca: Please, Bonnie.

Bonnie:　Why? Is there something special going on tonight?

All:　Oh no, nothing. / Nothing special. / Same as usual! / What do you think?

Maggie:　You are going to have one whole week to work!

Bonnie :　But I have to buy books to research.

Joe:　We're not going to have an overnight meeting.

Bonnie:　Alright then, I'll try to come back later.

ボニー　　　「来週の金曜日までに提出しなきゃいけないレポートがあるのよ」

ヴィクトリア「あなたが来なかったら、みんなとてもがっかりするわ」

レベッカ　　「お願いよ、ボニー」

ボニー　　　「なんで？今夜何か特別なことでもあるの？」

一同　　　　「いや、何もないよ」／「別に何もないし」／「いつもどおりよ！」／「どう思う？」

マギー　　　「丸１週間時間あるじゃない！」

ボニー　　　「でも、本を買って調べなきゃいけないの」

ジョー　　　「徹夜で会議するなんて言ってないわよ」

ボニー　　　「それじゃ、またあとで行くようにするわ」

【役名を取り除いた台本例】

下線のなかに、ボニー、ヴィクトリア、リベッカ、マギー、ジョーのいずれかの役名を入れます。

実際はここまでの成り行き、人物の性格などでセリフを判断するため、これだけの情報では役名を特定するのは難しいですが、Bonnie が言うセリフ（あと3カ所）は分かると思います。

Bonnie: I have this report that I have to submit by next Friday.

_____ : Everyone will be so disappointed if you don't come.

_____ : Please, Bonnie.

_____ : Why? Is there something special going on tonight?

All: Oh no, nothing. / Nothing special. / Same as usual! / What do you think?

_____ : You are going to have one whole week to work!

_____ : But I have to buy books to research.

_____ : We're not going to have an overnight meeting.

_____ : Alright then, I'll try to come back later.

RANDOM LINES
セリフを並び替えてバラバラに

生徒が飽きないように自在にアレンジ

　セリフをバラバラにして並べ替えるこのエクササイズは、生徒たちの理解力・思考力を高めるのに有効です。

①あるシーンの役柄ごとにセリフをカットして順番をバラバラにしたものを用意します。

②生徒たちが①を読んで、きちんとした会話になるように並べ替えます。元の台本と異なる順番で並べる生徒も出てきますが、つじつまが合っていれば問題ありません。そのときはオリジナルであることを褒めるようにします。

　私はパズルの楽しみ＋会話の成り立ちを学習するにはこの方法が非常に効果的だと考えています。ゲーム感覚で行うことで生徒たちもリラックスできますし、目先が変わることで改めて興味をもってくれます。

　または「役柄のセリフごとにカット」ではなく、「1行ごとにセリフをカットする」という手もあります。すべてのセリフが1行とは限らないので、このやり方のほうが、正しく並べ替えることが困難です。

　さらに進化系として、指導例の2と3を合体させ、役名を取り除いたうえでセリフをバラバラにする方法もあります。難易度は格段に高くなりますが、指導例2と3の経験後であれば可能です。

　このようにゲーム化した台本で何度かやっているうちに、生徒たちから「こうしたい」という意見が出てくることも考えられます。そういうときには積極的に実施させて構いません。生徒たちの自主性を尊重したうえで、学習意欲をより促すような指導が理想的だと思います。

【オリジナル文章】

Jake:	Look, Bonnie's forgotten her umbrella.
Alex:	Why did she bring an umbrella?
Nancy:	There is no forecast for rain today.
Paris:	(Looks out the window) It's such a beautiful day.
Delica:	According to the forecasters, if you don't carry an umbrella, it will start to rain.
Victoria:	And if you do carry one, it never does.
Rebecca:	They are useless!

ジェイク　　　「ねえ見て、ボニーったら傘忘れていったよ」

アレックス　　「なんで彼女傘持ってきたの？」

ナンシー　　　「今日天気予報で雨降るなんて言ってないわ」

パリス　　　　「（窓の外を見て）とても良い日」

デリカ　　　　「天気予報によると、傘を持っていかないと雨降る
　　　　　　　　んだって」

ヴィクトリア　「でも持っていくと、絶対に降らないんだから」

レベッカ　　　「天気予報なんて、役立たずね」

【エクササイズ】

　　左側のバラバラの英文を右側のようにつじつまが合うよう
にします。

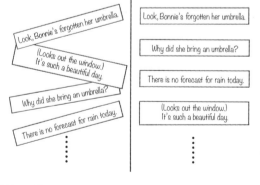

※何通りか作れます。いずれもつじつまが合えば正解です。

指導例 4

REARRANGE WORDS
一文の中の単語を並び替える

英単語がパズルのように

　1つの文章のなかで、単語をバラバラにして入れ替え、それを正しい文章に復活させるのが REARRANGE WORDS です。英語の文法を理解していないと解くことが難しい内容になります。

【オリジナル文章】

Delica:	What are you looking for?
Rebecca:	My mirror. (Takes it out) Oh, I dropped it!
	(Steps on it) And look, now I've stepped on it!
Victoria:	Is it broken?
Maggie:	It's broken into pieces! Too bad...

163

デリカ 「何探しているの？」

レベッカ「私の鏡。（取り出して）あら、落としちゃった。
（踏んづけて）ねえ見て。踏んでしまったわ」

ヴィクトリア「壊れた？」

マギー 「粉々に。仕方ないわね……」

【エクササイズ】

各文の単語を並べ替えて正しい文章・セリフにする（頭文字は大文字にします）。

Delica: you / what / for / ? / are / looking

Rebecca: mirror / my / (Takes it out) / , / it / ! / I /
dropped / oh

(Steps on it) / stepped / and / on / look / , / now
/ it / ! / I've

Victoria: broken / is / ? / it

Maggie: into / broken / it's / pieces / ! / bad... / too

※オリジナルの文章と同じになれば正解です。

指導例 5

NO PUNCTUATION
カンマ、ピリオド、スペースなどを取り除き、大文字は小文字に

小文字の羅列を文章に

　半角スペースや「，（カンマ）」「．（ピリオド）」「'（省略符）」などをすべて取り除き、さらにすべての大文字を小文字にして単語同士をくっつけたテキストを用意します。このテキストを基に生徒たちにピリオドやカンマを正しい位置に挿入してもらい、必要な箇所に関しては小文字を大文字に戻して、本来の文章を作成してもらいます。

　これはアメリカの演技指導者リー・ストラスバーグ氏がプロの俳優に対して、本当に書いてあることを理解させるために行っていました。日本語でもよく読んでもらいたいときや注意を払ってもらいたいときに、カタカナで書いたり、ひらがなを多く使ったりすることがありますが、それを全文ひらがなまたはカタカナにして順に並べるのと同じです。

小文字の羅列だけとなった英文を元の文章に復元することで、文章の意味を再確認することになります。例えば、次のようなテキストになります。

【オリジナル文章】

Paris:	Why are you all looking at me like that? Do you think it's my fault?
Rebecca:	Breaking all those superstitions was your idea.
Paris:	But you all thought it was a good idea. I only wanted to prove...
Maggie:	You proved it alright. The wrong way! Come on, let's go!

日本語訳

パリス　「なんでみんなそんな目で私を見るの？　私のせいだと思ってるの？」

リベッカ「迷信を打ち破ろうって、あなたの考えでしょ」

パリス　「だけどみんなも良い考えだって言ったじゃない。証明したかっただけなのに……」

マギー　「うまく証明したわよ。違う方にね！　さあ、行きましょう」

【カンマ、ピリオドなどを取り除いたエクササイズ用台本】

Paris: whyareyoualllookingatmelikethatdoyouthinkits
myfault

Rebecca: breakingallthosesuperstitionswasyouridea

Paris: butyouallthoughtitwasagoodideaionlywantedto
prove

Maggie: youproveditalrightthewrongwaycomeonlets
go

※オリジナル文章と同じになれば正解です。

指導例 6

SURPRISE ELEMENT
台本にないことを本番で起こす

生徒の成功体験を積み上げていこう

Talk and Listen ではステップ 3 で言葉を変えても、リハーサルで練習をしてから本番に臨みますが、Super-STAGE では本番で言葉を変えます。

生徒は逃げられませんし、それでも劇は進行しなくてはなりません。また、観客は初めて見る劇なので、変わっていることに気が付きません。そのためスムーズに劇が進んでいるように見えることが大切です。

しかしあまりにも何が起こるか分からないと大失敗しますので、多少はリハーサルで行っておいて、本番ではそのどれかを行うようにしたほうが安全です。生徒にとっては成功体験が大切なので本番での失敗はできるだけ避けたいものです。

どのようなものが変えられるかいくつか例を挙げてみます。

教室でも生徒の英会話力は驚くほどUPする
英語劇の台本を使用した指導例

①ステップ3と同じ：「金額」「時間」「場所」「人数」など

変えても劇の内容が変わらないものに限られます。言葉などを変えることによって、文法的なことも含めて、ほかのセリフを変えなくてはならないことがありますが、その場合は適時変える必要があります。

②言う順番を変える

例えば、What would you like to have ? Apples, bananas, oranges...?（何が食べたい？　リンゴ、バナナ、オレンジ……？）という文章がある場合、Apples, bananas, oranges...?　の順番をBananas, apples, oranges...?　のように変えます。

③毎回違う要素を取り入れる

例えば、来るべきときに来ない、言うべきところであえて言わない、あるべきところにない（わざと隠す）など、いつも練習していることと異なることが起こったときにどううまく対処できるか練習しておくことが大切です。

これらの目的は、劇の繰り返しを避け、常にフレッシュな感覚を保って、英語で反応できるかということです。生徒からなかなかすぐには英語が出てきませんが、英語を話そうとする意識は芽生えてきます。

HELPING HAND
セリフに合いの手を入れる

発表時にはセリフが飛ぶことも

　発表時にセリフをど忘れすることがあります。そのようなときには相手役がその人のセリフを言ってあげるよう生徒に伝えておくことが大切です。観客には、忘れたことが分からないように合いの手を入れてあげることができれば、劇はスムーズに進行させられます。

　具体的には、忘れたセリフを相手役が疑問形で問うように言い、忘れた本人は、"Oh, yes" と言いながら、自分のセリフを思い出します。キッカケをつかむと次のセリフは簡単に出てくるものですし、相手役はいつの間にか相手のセリフを覚えているものです。

　リハーサルのときからこの練習をしておけば、本番で焦ったり慌てたりせず、自信をもって本番に臨めます。

指導例 8

IMPROVISATION
即興劇に挑戦

即興準備とは

即興劇（Improvisation）はかなりの英語力が求められます。即興とはその場で状況や人物、解決すべき事柄（conflict）などが設定されたうえでシーンを行うことを指します。誰が何をいつ話してもよく、決められた言葉を使わずにその場で思ったことを設定に沿って話していきます。即興劇は英会話初級者には時期尚早なので、私たちは即興準備（Semi-improvisation）という方法を考えました。

即興準備はある状況で話されるであろうセリフを事前に習っておき、そのあとにシーンを行うというものです。

即興劇を行ってみたい場合、ALT を巻き込むといいと思います。ALT は外国語が母語である外国語指導助手のことであり、Assistant Language Teacher の略称です。小学校や中学校・高校へは各教育委員会から配置されることになっています。

生徒の英語発音や国際理解教育の向上を目的として、授業を補助する役割を担っている ALT を活用しないのはもったいないことです。例えば以下のような内容で即興劇にチャレンジしてみるといいと思います。

1. ダブルブッキング

　放課後に ALT の先生と個別学習をしようと約束したら何人もの生徒が同じ時間にやってきました。ALT の先生はダブル・トリプルブッキングをしてしまいました。先生はどう解決するでしょうか？（時間・場所・科目などを設定してください）

2. 日本案内

　ALT の先生を日本の観光地に案内しようとします。何人かの生徒でどこを案内したいかその場所の魅力を事前に調べておいて語っていきます。ALT の先生はどこを希望するでしょうか？

3. どのクラブ活動がしたいですか

　ALT の先生を自分のクラブ活動に誘いたいと思います。クラブの人数、実施日、時間、場所、またクラブの魅力、なぜ来てほしいかなどを事前に生徒が考えて説明します。先生はどこのクラブに行きたいでしょうか？

生徒を知るところから
Super-STAGE は始まる

Super-STAGE のさらなる試み

覚えたセリフを言うのではなく、本当に理解していることを劇の上演中でも行えないかに挑戦した Super-STAGE のさらなる試みも実施しました。英語話者の外国人にも劇に参加してもらい、しかも事前に一緒に練習はしないで、1回だけ見てもらったあとに劇に入ってもらいます。

これはストーリーの流れに沿いながら適時即興的に対話してもらうというものです。言葉や行動、劇の流れに対して、外国人が会話に入って来てもうまく対応できることを目指します。ここまでうまく即興で英語を返せるようになれば、日常的な会話はかなりできるようになっているはずです。

Super-STAGE 実施における注意点

Super-STAGE は、まずリハーサル時に劇の1シーン、一部分で行うほうがいいです。これらに慣れてくることで、それ以外の行っていない部分にも応用できるようになるためです。

Super-STAGE とプロの劇との違いは1つの役を深めるのでなく、さまざまな役を経験できる、より多くの英語を知る・習うなど、教育的配慮（機会均等と語学学習）がされていることです。

あらかじめ生徒に本番の発表時でもセリフを変えてもいい、むしろ積極的に変えるようにと伝え、生徒同士で共通の認識をもっておいてもらうことが大切です。そうすればリハーサル時から生徒は即興を意識し始め、リハーサルが活性化されます。

ただし、ドラマメソッドがいちばんに求めることは、生徒が自信をもって、堂々と人の前で表現できることであり、失敗してまで Super-STAGE に挑戦する必要はありません。できるかどうかよく生徒を知ることが大切です。

Super-STAGE の発表形式は、失敗に終わるケースもあるので、いわゆる見せる"舞台"での発表よりも、身近なクラス内および小ホールで級友に見せ合う発表の方が向いています。生徒同士も目的を分かっているため、失敗もお互いに許せます。

第 5 章

指導法ひとつで日本人の英会話力は
劇的に向上できる

英語でコミュニケーションが取れる
子どもを増やしていくために

Reading 学習にも
応用できるのがドラマメソッド

いつもの授業にドラマメソッドを導入！

　教科書のリーディングを行う際や、授業がマンネリ化したときや変化が欲しいときに Talk and Listen のいくつかの手法を試すといいと思います。

　まずはアイコンタクトをとる方法です。リーディングセクションの一つのコラムでいいので、ペア・グループを作り、1行1行読む人を替えます。音読する生徒は相手の目を見て英語を読み上げます。相手は教科書を見ないで、話す人の目を見て聞きます。その後生徒が本当に相手の言っていることを理解しているかどうか確認することも大切です。

　Talk and Listen のところでも触れた方法（p.78 参照）のほかに、言われた言葉や文章をそのまま語尾を上げて聞き返すこともできますが、代名詞や動詞を変化させて疑問文にして聞き返すこともできます。

　例えば、"You gave me your pen." と言われた場合、"Did I give you my pen?" となります。文法を確認するのにとても良い

　指導法ひとつで日本人の英会話力は劇的に向上できる
英語でコミュニケーションが取れる子どもを増やしていくために

方法であり、もちろんこれは、Talk and Listen のときにも行えます。

　次に DIALOGUE DYNAMICS です。 今のコラムを繰り返してもいいですし、次のコラムに進んでも構いません。生徒がどれだけ理解しているかで判断してください。ペア・グループの生徒を替えても構いません。これも1行1行を話す人が相手の目を見ながら、大きな声で話したり、小さな声で話したり、速く話したり、ゆっくり話したりします。

　表情・表現の練習になりますし、コミュニケーションを強める練習にもなります。声音やスピードを変えるときは、内容を理解し、その内容に沿った話し方になることを目指してください。

　次は状況設定ですが、選んだコラムで状況がはっきりしているのであれば、それを劇化、ドラマタイゼーションすることができます。立ち上がって役柄を決めて、場面を演じることもできます。特に会話文の多い内容なら、劇化できる可能性があります。

　また Super-STAGE の手法も有効です。例えば「文章をバラバラにして並べ替える」ことや、1つの文を1語1語カットして並べ返させることです。これらをあらかじめ作っておけば、ちょっと違った、読むだけの単調なレッスンにはならないはずです。

　こういったものを生徒に作らせてお互いに問題として出し合うのも効果的です。生徒が喜んで楽しんで、さらに深く理解が進めばいいと思います。ぜひ、これらのドラマメソッドの要素をリーディングの時間でも活かしてもらえれば、大変うれしく思います。

ドラマメソッドを経験した保護者、生徒の声

　実際に私たちのスクールでドラマメソッドを使った学習を受けている生徒や、保護者からもその効果についていくつか感想が寄せられました。多くは生徒のいきいきとした様子についてで、日頃の勉強ではあまり予習などしない子が、スクールのレッスンはかなり熱心に予習していたという声もありました。

　また指導法についてもテンポよく、バラエティに富んだ内容の授業が好評でした。さらに、発表会のあり方についても好意的な意見が寄せられています。発表会に向けて努力する子どもを応援してきた保護者のなかには、劇の練習を通して協調性や自主性も養われたように思う、との声もありました。

　保護者を招いての発表会の本番ではみんな自信たっぷりに堂々と演技してくれます。うまい下手は問題ではなく、自信をもって英語を話すことが大切です。生徒たち一人ひとりが役になりきり、みんなで協力して劇を成功させようとする姿は、保護者だけでなく私も心を揺さぶられるような思いでした。

　教室だけでなく、家での自主練習をする生徒たちの姿は多くの保護者にも好意的に受け止められ、生徒たちの積極性と自主性が養われ、成長が実感できたという声も寄せられています。

　もちろんそれはスクールの力というよりも生徒自身が潜在的にもっている力だと思います。スクールの指導はそれを効果的に手助けするためのものです。

9年間このスクールで学び、中学卒業後に念願の留学を果たした生徒もいます。彼女は最初から演劇が好きで、SAPP（発表会で優秀な発表をしたクラスの選抜発表会）で演じられるようになったときは、とてもうれしそうでした。

　彼女はのちに、「昔からの仲間が進学などの理由でやめたときはいつも悲しくて涙を流したし、そのたびに『ほかの子の分まで頑張ろう！』と全力で続けた結果、自分も海外の高校に留学できるまでの力を身につけることができました」と言ってくれました。

　生徒や保護者からのストレートなコメントは、どれも「英会話を学ぶ楽しさ」に溢れたものばかりであることが感じられます。楽しいからこそ、いつも以上に積極的に学びますし、無意識に何度でも練習したくなります。頑張れば頑張るほど、よりよい発表にしたいとやる気も出ますし、衣装や小道具にもこだわりたくなってきます。

　しかも、一緒に演じる仲間も同じ気持ちなのですから互いの絆も強まりますし、それぞれアイデアを出し合って工夫して練習を重ね、お互いがお互いにとっての良きライバルになります。そしていい劇にしようと頑張る過程で、自然と協調性も磨かれていきます。

　さらに、発表会当日には観客から声援や拍手をもらうことができるので、やりきったあとの達成感や自己肯定感の向上も実感することができます。

指導では「3つ褒めて 1つ向上できる点を言う」

指導は常にポジティブに

　英会話に限らず、何かを教える立場の人全員にいえることですが、生徒を指導するうえでは、「否定から入らない」ことがとても重要です。うまくできていない点があったとしても、最初にそれを指摘するのではなく、まず良かった点を褒めてあげることが大切です。

「こういういいところがあったね。だけど、ここがこうなればさらに良くなりそうだね」と言われると、言われたほうもイヤな気はしませんし、「そこを直せばもっと良くなるのか！」とポジティブに捉えることができます。

　逆に最初に否定的な言葉を投げかけられると、萎縮して意欲を失ってしまったり、反発してアドバイスを聞き入れなくなってしまったり、いずれにせよ良い結果は望めません。生徒にポジティブな気持ちをキープしてもらうためにも、指導においては「3つ褒めて1つ向上できる点を言う」を意識しておくことは大切です。

　とはいえ、「3つ」と「1つ」の数字にとらわれる必要はありま

せん。良いところを先に伝えて、そのあとで改善できる点を説明してあげることが重要なのです。

例えば、「発音がすごくいいし、アイコンタクトもばっちりだったね。あとは、アクションがもう少し大きいといいね」と伝えたとします。

そう言われた生徒は、アクションを身につけることに積極的になれるだけでなく、褒められた発音やアイコンタクトに関しても、「褒めてもらえたから、もっとこの点を磨いていきたい」と思えるようになります。

一方、発音やアイコンタクトを褒めることなく、「アクションがもう少し大きければいいのにね」だけだと、言われた生徒は失敗したという意識だけが残り、やる気を喪失しかねません。

もちろん、生徒のなかには褒めてもらわなくても、自分の伸ばすべきところを指摘してもらうだけでモチベーションを保つことができる生徒もいます。しかし、ほとんどの生徒はそうではないのです。

故・野村克也監督の名言の一つに、「二流は賞賛、一流は非難」という言葉があります。これは「二流の人間は褒めて伸ばして、一流の人間は叱って伸ばせ」という意味です。例えばイチロー氏や大谷翔平選手レベルになるといいところはあって当然なので、むしろ自分の足りないところを指摘してくれることを望みます。ところが多くの人は褒められることによってモチベーションがアップするものです。

これはほとんどの生徒に当てはまることなので、意識して実践するだけでも、生徒の英会話力が変わってきます。

日本で英語を使う必要性を
生徒がしっかりと理解するために

目的をもって学ぶことが大切

　英会話力を身につけたいと考える人のなかには、どこでどのようなときに英会話力が必要となるのかイメージできていない人もいます。なかには、「英語が話せたらかっこいいから」という理由だけで英会話を学び始めた結果、モチベーションを保てず、理想のスキルを習得できないままという人もいます。

　目的をもって学ぶことは非常に大切なことです。「なぜ学んでいるのか」「なぜその技能を身につけたいのか」というものが特にないまま学んでも、スムーズに技術を習得することはできません。スポーツ、音楽、美術、学校の勉強に至るまで、明確な目的があることで努力できますし、それを達成しようとする過程で人間的にも成長することができます。

　例えば、司法試験の勉強を始めたとして、「試験に合格して、弁護士として働きたい」「弁護士になって、こういう仕事がしたい」という明確な目標もなく、「資格があればなんとなくかっこいいから取得しておきたい」では、なかなか本気になれず、勉強

に熱が入らないのも当然です。

　メジャーリーガーの大谷翔平選手が大活躍を遂げたのは、縦9マス×横9マスからなる81マスの「マンダラチャート」を作成して、その一つひとつを達成できるよう努力を重ねてきたからだといわれています。何かを成し遂げるうえでは、目標をもち、そこに向かって突き進むことは非常に大切なのです。

日本にいても英会話はますます必要に！

　もちろん、英会話を学ぶ場合でも目標をもつことが上達のために不可欠な要素となります。とはいえ「特に留学する予定も海外に旅行する予定もないから具体的な目標はもてない」「英会話力は身につけたいけど、実践で使うシーンは思い当たらない」という人は多いと思います。

　しかし実際には、日本国内にいながらにして英会話力が必要とされるシーンはますます増えてきています。グローバル化が進んだ結果、海外進出する企業は増加していますし、就職した会社が海外に進出した場合、自身が海外の部署に赴任しなくても、オンライン会議などの場で海外の人とコミュニケーションを取らなければならないケースも出てきます。

　少子高齢化に伴い、日本では外国人労働者の雇用率が上昇しているため、日本語が不自由な外国人が面接に来ることも考えられます。もしくは、自分の勤務先に外国人労働者が同僚として入社することもあるはずです。

コンビニやスーパーのレジ、飲食店の調理スタッフ、ホールスタッフにも外国人労働者が多く採用されている時代なので、職場の仲間との円滑なコミュニケーションを実現するためにも、高い英会話力があるに越したことはありません。ある程度思いどおりに英語を操ることができれば、例えば同僚が困っているときに助けてあげることができるかもしれません。

　さらに仕事とは関係なく、英会話力が求められるシーンもあります。新型コロナウイルス感染症のピークを経て、政府としてもインバウンドに力を入れているので、今後、観光客が増えて、日常的に英会話が必要とされるシーンが増えることも考えられます。
　例えば、観光客に道を聞かれることもあれば、店員として観光客に応対することもあり得ます。そんなときに英会話ができればより良好なコミュニケーションが成立しますし、お互いに気持ちの良い時間を過ごせることになるはずです。

こうした社会の動きは誰もが日頃ニュース番組などで目にしているはずですが、先生から生徒に改めて伝えることによって、生徒たちの英会話学習に対するモチベーションが高まります。

世界で受け入れられる演技

私たちの指導法の基になっているコンスタンティン・スタニスラフスキーの演技方法が、世界で受け入れられていることを実感することが最近ありました。それは映画『ドライブ・マイ・カー』の監督である濱口竜介氏の演出方法です。

彼は世界の3大映画祭で賞を獲得し、アメリカのアカデミー賞でも国際長編映画賞と作品賞を受賞するなど、いまや黒澤明監督をしのぐともいわれています。その彼が師と仰ぐジャン・ルノワール監督は「イタリア方式」と言っていますが、ロシアに住んでいたこともあり、スタニスラフスキーの影響を多く受けています。

私たちの方法との類似点は、まず第1に映画『ドライブ・マイ・カー』の中の『ワーニャ伯父さん』のリハーサルのシーンで、自分のセリフを読み終えた後、机をノックして相手の番だということを促します。これは私たちの"Talk and Listen"で、自分のセリフが終わったときに相手に促すことと同じです。

2番目は初めから感情を込めてセリフを読まないということです。 そして3番目は多くの新人俳優を使うことが多いことです。スタニスラフスキーが大評判を取ったチェーホフの「かもめ」は、偶然新人俳優が多く、新しい演技方法を試せたからです。

それ以降この新しい方法は、スタニスラフスキー・システムとして全世界に多大な影響を与えたものです。

　このように私たちの演技方法と非常によく似たシステムが世界的に認知されているということは、私たちにとってもとても心強く、また自信にもつながるものです。このシステムをより多くの人に胸を張って勧められる大きな力となっています。

第5章　指導法ひとつで日本人の英会話力は劇的に向上できる
英語でコミュニケーションが取れる子どもを増やしていくために

生徒がより楽しく学ぶために
役立つトピック

外国人が興味をもつものに注目！

　生徒たちに英会話をより楽しく学んでもらうために、ぜひ、学習に取り入れてほしいトピックがあります。それは「日本に関すること」です。

　文化や歴史に限らず、最近の流行や生活習慣に関することまで、外国人が興味をもってくれることはたくさんあります。「漢字」もその一つです。漢字のタトゥーを入れている外国人、漢字Tシャツを着ている外国人などを見かけたことがある人は多いと思いますが、外国人の名前をきれいな和紙に書いてあげながら英語で話せばコミュニケーションの楽しみを味わえるはずです。

　私はこのような卑近な例でも初めはいいと考えています。名前でいえば、例えば Sara を「沙羅」、Alex を「亜烈玖珠」、Johnson を「序運祖雲」にすることなどです。これらを印鑑にして売っているところもありとても人気が高くなっています。しかし、印鑑が売られていることを知っている外国人は少ないため、「お土産にどうですか」と話せばとても喜ばれるはずです。

また、日本人なら誰もが当たり前に知っている歴史を小話として話せるようになっておくと、ことあるごとに披露することができます。例えば、信長、秀吉、家康の性格の違いを表したホトトギスの句、石田三成の三献の茶、ほかにも禅問答や招き猫などについて英語で話せるようになるのも面白いと思います。

自分の趣味や特技を英語で伝えられる生徒たちを増やしていくために

食文化から伝統芸能まで、世界に向けて

外国の人たちは日本の文化全般に注目しています。特にすしやラーメンに代表される食文化は世界中の人気を集めており、なかには日本食を目的に来日する人までいます。また日本各地を転々としながら土地の名物グルメを堪能する優雅な旅行客もいます。

ドラマメソッドによって英会話が得意になれば、食文化をはじめ日本のさまざまな文化を世界中に発信することができます。

もちろん来日した外国人に直接教えてあげられれば言うことはありません。そういうときにもドラマメソッドで経験したようなアクションと感情も交えた全身を使った会話がきっと役立つはずです。こうした食を介したコミュニケーションによっても、国籍の壁を越えたつながりをつくりあげることができるようになります。

ほかにも外国人が興味をもつ対象はいろいろあります。日本古来の茶道や華道は以前から注目されていました。来日した外国人のなかには茶道や華道の体験教室に参加し、実際にやってみて楽しんでいる人もいます。

そんなときに一緒に体験しながら自然な会話を交わせれば、お互いを理解する度合いも深まります。

逆のケースになりますが、お茶の指導を受け、また英語を教えているお茶の先生と一緒に、スイスで娘の結婚式のときに英語でお茶をふるまい、参加していた外国人にとても楽しい時間を過ごしてもらったことがあります。

また、沖縄を原点とする日本の武術「躰道（たいどう）」の女子世界チャンピオンが私たちのスクールで英語を習っていますが、彼女に英会話を学ぶ理由を聞いてみると「躰道は、まだ世界で知られていないので英語で紹介できるようになりたいから」だと答えてくれました。

私としても日本人スポーツ選手が世界を舞台に活躍しているというニュースが多くなってきてうれしい限りです。日本人の謙虚さや、相手に対する敬意がプレイを通じて見えるような気がしているからです。例えば、サッカーのフィールドへの入退場の際に、ある選手はお辞儀をしていました。それはフィールドに対して敬意を払っているからこそ生まれる行動だと思います。

好きなことほど語りたくなる

　自分の趣味や特技を英語で説明できるようになると、生徒たちは英語を話すことがいまよりもっと好きになります。「あなたはどんなことが好きですか？」と聞かれたとき、実際に好きなことであれば、語りたいことが次々に出てくるはずです。

　着物が好きな生徒であれば、「その柄にはどういう意味が込められているのですか？」「どうすればあなたのようにきれいに着ることができるのですか？」などと聞かれたとき、自分の知識や経験から得たものを披露したくなるものです。

　実際に私たちの生徒が日本の着物について語る機会がありました。着物の前のあわせ方から洋服のボタンのかけ方が異なることに触れ、さらにそのほかの日本と西洋の違いにまで話は発展していったのです。私はその話の展開の面白さに目を見張るものを感じました。

　また、趣味や好きな食べ物、音楽、本、映画などについて聞かれたら、その魅力を存分に語りたくなります。それらを英語で表現しきれないことがあったとしたら、どんな表現ならしっかりと好きなものの魅力を説明できるのか知りたくなると思います。生徒が自分の意思で一生懸命調べた結果、学んだ表現であれば、おそらく簡単に忘れることもありません。

　語学を身につけ、「自分の好きなものは何か？」「自分の興味・関心ごとは何か？」「何をすれば自分は楽しいと思うのか？」「何をすれば自分は悲しいと思うのか？」などを伝えられるようにな

るためには、自分自身を深く理解することが重要だと生徒は次第に分かってくるはずです。

　自分の気持ちを二の次にして相手を立てたり、恥ずかしくて自分の気持ちを言葉にできなかったりすることが多い日本人の子どもたちにとって、自分の考えを主体的に表現することは日本語でも難しいものです。

　しかし、英会話を身につけることでそれができるようになるのなら、英会話を指導することは、生徒の生き方を変えることになるともいえます。

　教える側だからこそ、生徒一人ひとりの人生が変わっていくプロセスを楽しみつつ、ぜひ、成長をサポートしてあげてほしいと思います。

サブカルチャーがアピールポイント

　2018年、内閣府知的財産戦略推進事務局が外国人に対して「あなたが日本に興味をもったきっかけは何ですか？」というアンケートを取った結果が公表されていますが、欧州人の回答第1位は「アニメ・マンガ・ゲーム」です。続く2位は「音楽」、そして第3位は「日本食」でした。

　特に「アニメ・マンガ・ゲーム」は、アジア圏の外国人も1位、北米出身の外国人は2位に挙げており、日本＝サブカルチャーというイメージがいまや定着しています。

　実際に近年、ハリウッドでは日本のアニメやマンガを原作とし

た映画が次々に製作され、話題を呼んでいます。日本のアニメの外国版も世界中で上映され、テレビアニメやマンガの英語版なども輸出されて日本をアピールする有力なツールとなっています。

　海外のファンも多く、グッズ目当てやゆかりの地を巡るいわゆる「聖地巡礼」のために来日する外国人も数多くいます。こういったジャンルに関するネタを英語で披露できるようになっておけば、相手の興味に合わせて会話することもできます。

　もちろん、それ以外にも海外に紹介したい日本文化は数多くあります。幅広いジャンルの知識を身につけ、話題としてストックしておくのは大変だと思います。まずは自分が興味をもてる分野の知識から仕入れていくのもよいと思います。

　実際私の場合も、ブラジル・サンパウロの喫茶店へ入った時、店員さんが私たちが日本人だと分かると、流暢な日本語で「おはようございます」と急に声を掛けられました。驚きとともにどこで習ったのかと聞いたら、アニメの映像を見て習ったということでした。本当にアニメが広まっていることを感得しました。

日本について話せる人材を育てて
日本全体を活性化させよう

真の観光立国を目指して

　世界経済フォーラム（WEF）が発表した2021年版旅行・観光開発ランキングで、日本は世界1位の観光立国にランクインしていますが、人口に対する観光客の比率が高いかというと決してそうではありません。

　例えば、フランスには人口の1.2倍の観光客が訪れるといわれていますし、スペインに至っては人口の約2倍です。これに対して日本を訪れる観光客の数は、2030年に6000万人が目標ですが、それでも日本国民の総数の2分の1にも及びません。

　ではフランスやスペインと、日本の違いはどこにあるかというと、まず挙げられるのが、日本では世界の共通語である英語を話せる国民が少ないということです。また、日本に住む私たちは彼らほど自国の言葉を誇りに思っていないという現実があります。

日本を訪れる外国人の立場で物事を見たとき、「自分が言っていることを理解してもらえないかもしれない」となると、気軽に一人旅しようとは思いにくいはずです。ましてや言葉が分からないまま日本に住んでみようとは思えなくて当然です。

　しかし日本のどこにいっても英語を話せる人が一定数いるとなれば、世界中からもっと気軽に来日してくれる人が増えるはずです。

　とはいえ、いきなり「みんなで英会話力を上げて日本の景気を回復させよう」といっても、自分ごとのようにとらえられる人はほとんどいないと思いますし、「自分ひとりが変わったところでなんの意味もないのでは？」と思って当然です。

　しかし、例えば「自分たちが英会話力を上げることでこの街に活気を取り戻していこう」「自分が英会話力に磨きをかけることで、部署の売上アップにつなげていこう」という身近で直接的な目標なら、実現していく未来を思い描きやすいはずです。

　どんな人にもいえることですが、「英語を話せない状態」と「流暢に話せる状態」だと、その人ができることに大きな違いがあります。

　まだ「流暢に話せる段階」にはほど遠いかもしれませんが、まずは「英語が話せるようになったらどんなことをしたいのか？」を一人ひとりにイメージしてもらい、書き出してもらうだけでも、学ぶ意欲が高まると思います。

また英語だけでなく外国から日本へ来た人に対してその国の言葉で挨拶をしてあげると、距離がすぐに縮まります。ある俳優の人が私たちのスクールに英語を学びに来ましたが、ファッションショーでフランスに行くことになったというので、挨拶など簡単なフランス語を10行教えることになりました。渡仏前に習い、現地でとても役に立ったそうです。

　さらに彼はその後、出演した映画がモントリオール世界映画祭最優秀を受賞し、舞台挨拶では英語のスピーチの前にフランス語で挨拶しました。カナダのなかでもモントリオールの公用語はフランス語であるため、フランス語で挨拶すると喜ばれたのだと思います。

　映画の公開イベントなどで海外スターが来日したときに、舞台挨拶やテレビ番組のインタビューなどで日本語を話してくれると私たちも親近感を抱きます。また海外の映画祭などで受賞の挨拶をするときに、日本の監督や俳優が流暢な英語で挨拶すると会場が盛り上がります。

　たとえ流暢に話せなくても、現地を訪れ、その国の言葉で話すことはコミュニケーションをとるうえで非常に大切なことなのです。

ドラマメソッドで無限の未来を

英会話が夢を拓くチカラとなる

　ドラマメソッドを活用して世界の共通語である英語を自由に使えるようになることで、将来の夢もより大きくワールドワイドに広がっていきます。この指導法のメリットは、単なる英会話を超えたコミュニケーション能力の向上にあります。だからこそどんな職業であっても、世界で活躍するチャンスが広げられます。

　例えば海外で起業し、世界の実業家に名を連ねられる可能性もあります。また研究者として海外の研究機関に所属し、医療や科学技術など多くの面で世界全体に寄与する業績を残すこともあり得ます。

　優れた技術をもったスポーツ選手として、海外チームに移籍し活躍することも考えられます。通訳なしで自然な会話ができれば、よりチームに溶け込んでチームメイトやコーチともコミュニケーションが取れ、パフォーマンスもアップするはずです。

また、「ドラマ」メソッドの名のとおり、せっかく「演じる」ことも学習しているのですから、場合によっては世界的な俳優になることも決して夢ではありません。

　これから社会に羽ばたいていく生徒たちにとっては、日本という狭いエリアでの選択肢だけでなく、世界という広いフィールドを視野に入れて自分の将来を考えることができるようになります。

　もちろん夢を実現できるかどうかは生徒たち自身にかかっていますが、それに寄り添い、導いていく指導者の力も大事です。

　生徒たちに指導する立場の人間は、ただ目先の技術や段取りだけでなく、指導法の本質を十分に理解し、生徒たちの未来を応援してあげてください。

　それは決して難しいことでも特別なことでもありません。生徒たちとともに楽しみながら学ぶ、ということを忘れなければ、誰でも指導法を身につけることが可能です。そうやって生徒とともに成長していくプロセスが何よりも大切なことだと思います。

　言語の壁を越えて外国人との自然なコミュニケーションを取り、人と人との理解を深めるためには語学の学習が不可欠です。しかしそれ以上に、気持ちのキャッチボールが重要です。語学力とコミュニケーション、その両方を向上させるために有効なのがこの指導法だと思っています。

　ドラマメソッドは単なる英会話学習にとどまらない、未来を拓くためのとても価値あるものだと考えています。

おわりに

　私たちが手がける英会話スクールで最高顧問をお願いしている Richard A. Via（リチャード・A. ヴァイア）氏が初めて来日したのは 1967 年で、アメリカ文化センターにより、ブロードウェイ・ミュージカル "*Hello Dolly!*" の日本公演で、舞台監督兼責任者として招聘（しょうへい）されました。

　上演後、「アメリカの演劇」というテーマで講演会を開いたあとで、日本の大学生が「自分たちの大学でも英語で劇を上演するので、アドバイスが欲しい」とヴァイア氏のもとにやって来ました。そして彼らの演技を見たヴァイア氏は、本当のコミュニケーションからはほど遠く、ほかの人、特に外国人になろうとする演技スタイルに違和感を覚えたそうです。

　当時、アメリカではロシアのスタニスラフスキー・システムを基にして「本当のコミュニケーションを図ることができ、自分を活かすことができる演技スタイル」が当たり前のものとなりつつありました。

　ヴァイア氏は、学生の熱意とともに「日本にこそ、この演技スタイルが必要だ」と感じて日本にとどまる決意を固め、プロの演技方法を紹介しながらフルブライト奨学生を含めて 5 年間滞日しました。これはフルブライト・プログラムと呼ばれるアメリカ内外の学生、研究者、教師、芸術家などの専門家に対して、グローバルな課題を解決する機会を提供するアメリカ政府の代表的な国

際学術交流事業のことです。

　滞在中、ヴァイア氏は日本の大学生に劇を指導するにあたり、英語で劇の演出を受け、セリフや演技を練習することが、結果として学生たちの英会話力の著しい向上につながることを発見しました。これが英語劇・English Through Drama 誕生の瞬間です。

　そしてヴァイア氏は、東京の大学の ESS（English Speaking Society）に所属するメンバーを集め、東京学生英語劇連盟を組織しました。このグループは、ほかの英語劇グループの規範（Model）となるよう、Model Production（MP）と名づけられました。歴代の出身者には、NHK ラジオ英会話講座の人気講師で、俳優としても活躍している遠山顕氏や、俳優の中村雅俊氏、別所哲也氏、川平慈英氏、藤田朋子氏、舞台美術家の島川とおる氏など、各界で活躍されている方がたくさんいます。

　今回解説を執筆した奈良橋陽子氏や私も、この MP の出身です。私と奈良橋氏はヴァイア氏のドラマメソッドのすばらしさをより多くの人に広めるべく、英会話スクールを設立しました。当時の奈良橋氏は、ヴァイア氏の薦めでニューヨークの演劇スクール（Neighborhood Playhouse School of the Theatre）の留学から帰国したばかりで、そのやり方に燃えていたのをいまでも記憶しています。そして教室開設から今に至るまで、一貫してドラマメソッドを主軸に英語の楽しさや面白さ、英語を話すことのすばらしさを子どもから大人まで幅広く伝えています。

　英語劇というと舞台での発表をイメージされる人が多いと思います。実際に劇の発表を通して感動を覚える生徒や先生も少なく

ありません。では、現実的に学校の授業へ導入するにはどうした
らよいのでしょうか。それは教える内容を減らすことです。ただ
し、その場合は確実に話せるようになる練習が必要です。例えば、
教科書で教える対話文が年に5つあれば、1つ減らしてその会話
を徹底的かつ確実に練習します。そのためには私たちが提案する
ドラマメソッドの指導法を、いまの教え方にプラスすることが効
果的です。あいまいな言葉で多く話すよりも、確実に理解してい
る言葉で話すほうが説得力も増えますし自信にもつながります。

　ただし、決して簡単な英語だけで良い、ということではありま
せん。それではレベルが低くなると言われることは致し方ないと
思います。しかし、少なくとも外国人に道を聞かれても逃げたり
しないように、その程度の英語は話せるようになってほしいので
す。

　ドラマメソッドは確かに英語を学ぶ手法の一つですが、これに
よって身につけることができるのは、なにも英語に限った能力で
はありません。ドラマメソッドではTPOに合わせた的確な表現
を選び、無理のない話し方で、自分の言いたいことがきちんと相
手に伝わることを大切にします。

　それは言語を問わず、あらゆる会話に必要な表現力です。

　近年では、子どもでもプレゼンテーション力が必要とされてい
ます。欧米の子どもたちは、小さい頃からトライ＆エラーを繰り
返しながら、「話す力」「伝える力」を意識してトレーニングして
いきます。しかし日本では、いまだそうした習慣がありません。
だからこそ私は、ドラマメソッドが日本の未来に貢献できる領域

はとても大きいと感じています。

　実際に私たちのスクールでは小・中・高等学校からの依頼を受けて、講師を出張させる「校内留学研修」を行っています。これは学校にいながらにして留学体験をしてもらおうという試みです。

　通常クラスの授業内での導入だけでなく、1 Day ワークショップや、長期休みを利用しての2〜4日間の短期集中型ワークショップ、さらには部活の課外活動のサポートも行っています。

　本書で紹介した内容は、あくまで一私塾の試みではありますが、今後、高校や大学、専門学校の英語教員養成課程や ALT 研修などにも拡大していけると、より実践的な英会話教育が浸透していくと考えています。

　"Boys be ambitious" ——これは札幌農学校教頭を務めたウィリアム・クラーク博士の言葉です。しかしいまの時代であれば、生徒たちにこう言ってもらいたいと思います。

　"Boys and girls, be ambitious!"

　最後になりますが、いつも温かく見守ってくれているヨーコさん、スクールを共に運営していてくれるクローディア、スクールのアンバセダーとして活躍してくれているエイミーとジュリとその家族、インターナショナルスクール情報を提供してくれているハヤトの家族の面々、私たちのスクールで講師を務め、ジャーナリストでもある英語の校正をしてくれたショーン・キャロル（Sean Carroll）さん、またスクールのスタッフ、アシスタントを含めた講師陣、生徒と保護者の皆さまの協力がなければ本書の出版は成り立ちませんでした。ここに心より感謝を申し上げます。

奈良橋陽子（演出家・キャスティングディレクター）

ドラマを通して英語を学ぶ──英語劇・ドラマメソッド

　赤ちゃんの頃、歩きたいという自然の願望が芽生えたとき、転んでも起き上がり、徐々に体がバランスの取り方を覚えて、あっという間に走り出せるようになります。

　しかしながら、日本では長い間、そのような方法で英語が教えられることはありませんでした。

　学びたいと思うこと、体や筋肉を使うこと、間違いをすること──そう、たくさんの間違いを……。

　だから、ドラマを使った英語では、

1. ドラマに夢中になるので、英語を話したい欲求が出てきます。ドラマには生徒を、ある登場人物へと引き込んでいく力があります。

2. 生徒たちは演劇や映画のなかでほかの人たちとコミュニケーションをとらなければならないので、是が非でも学びたいと思い、自分の体、舌、口、筋肉などを使い、発音やイントネーションで初めは多くの間違いをしながらも、伝えたいという姿勢でいます。ドラマには相手に強く伝えたいという欲求を満たす仕掛けがありますね。

3. 身体全体が参加——心、精神、体！　学生は学ぶことになんという喜びを体験するのでしょうか。生徒は心と心でコミュニケーションをとることを本当に学んでおり、どれだけ昔のことであっても、そのときのことを決して忘れることはありません。

　私たちが大学生のときに所属していた東京学生英語劇連盟（Model Production: 通称 MP）がそれを証明しています！　1967年に始まり、それ以来いままでも続いています。この組織は大学生が対象で頭の中にはいままでに学習した英語が詰まっています。初めは少ししか英語が話せなくても、3カ月のリハーサルを通して、たいていの学生は、英語で自分を表現するようになります。そして仕事でも使えるようになっていきます。これは「ドラマを通した英語」が、本当に効果があるという実際の証拠だと思います。何年にもわたって、多くの人がそれを断言するはずです。

　ベンジャミン・フランクリンは荀子（じゅんし）の言葉を引用して次のように述べています。

Tell me and I forget,

Teach me and I remember,

Involve me and I LEARN!!

【訳】

言うだけでは、忘れてしまいます

教えてくれれば、覚えます

身も心も巻き込んで（又は参加させて）ください、そした
ら学びます!!

　知識を言葉で言われたり教わったりするだけでは不十分ですが、
自分が関心をもち、深く関わるときに学びは生じるものです。皆
さんの関心と深い学びに期待します。

　私たちが生きるこの時代は、世界のほかの国々とコミュニケー
ションをとるために英語を話せることが不可欠です。国際化とい
う観点においては、私たちはほかのアジア諸国に大きく後れを
とっています。英語を話せる人を養成するということは、世界平
和に向けて取り組むうえで最も重要なことです。

付録

Evaluation ─ 評価表 ─

Evaluation ─ 評価 ─ (For Yourself・自己評価版)

After your performance, please evaluate yourself from 1 - 5 stars. 5 is the highest score in each category. Total score is 10. (When evaluating other people in English, you need to replace "I" with "You" and "my" with "your".)

　発表した後に、5つの☆より自己評価してください。5★が一番良い評価です。10点満点です（ほかの人を評価する時は、英語の "I" を "You"、"my" を "your" へ替える必要があります）。

(Number of stars)

1. I said my lines loudly and with confidence.　☆☆☆☆☆ (　　)
大きな声で自信をもってセリフを言えた。

2. I said my lines with good pronunciation.　☆☆☆☆☆ (　　)
良い発音で言えた。

3. I said my lines correctly with expression.　☆☆☆☆☆ (　　)
セリフを間違えなく表現をともなって言えた。

4. I did the appropriate actions and reactions.　☆☆☆☆☆ (　　)
リアクションを含めて動作をうまくできた。

5. I cooperated with my partners.　☆☆☆☆☆ (　　)
皆と一致協力してできた。

Total number of stars. (　　)

Total Number of ★s = (　　/25) × 10 = 　　 points

★の合計数 　　 /25 × 10 = 　　 点

Your own comment:

〈著者紹介〉
太田雅一（おおた まさかず）
中央大学法学部卒。大学生時代に東京学生英語劇連盟（Model Production・MP）へキャスト、のちにアシスタントディレクターとして参加。現在キャスティングディレクターである奈良橋陽子氏と出会う。意気投合し、英語劇・ドラマメソッド®を開発推進する英会話スクールMLS（モデル・ランゲージ・スタジオ）を1974年に設立。アメリカ、イギリスをはじめとして、カナダ・オーストラリアの青年劇団と親密な交流を持ち、国際交流活動に力を注ぐ。アメリカの俳優であった Richard A. Via 氏からプロフェッショナルな演劇づくりを習うと同時に英語劇に教育的観点を盛り込んだプログラム "Super-STAGE" を開発する。その教授法を浸透させるべく活動の幅を広げている。自社主催の英語教員対象のワークショップでの参加者60人の満足度は100％（大変良い83.3％、良い16.7％）、日本文化・歴史に題材を取った「外国人向けのユーモアスピーチ講座」を開発中でもある。

モデル・ランゲージ・スタジオに関する
お問い合わせはコチラ

本書についての
ご意見・ご感想はコチラ

生徒の英会話力が向上する

英語劇・ドラマメソッド

2024 年 2 月 28 日　第 1 刷発行

著　者　　太田雅一
発行人　　久保田貴幸

発行元　　株式会社 幻冬舎メディアコンサルティング
　　　　　〒151-0051　東京都渋谷区千駄ヶ谷4-9-7
　　　　　電話　03-5411-6440（編集）

発売元　　株式会社 幻冬舎
　　　　　〒151-0051　東京都渋谷区千駄ヶ谷4-9-7
　　　　　電話　03-5411-6222（営業）

印刷・製本　中央精版印刷株式会社
装　丁　　立石 愛
装　画　　トモコ＝ガルシア

検印廃止
©MASAKAZU OTA, GENTOSHA MEDIA CONSULTING 2024
Printed in Japan
ISBN 978-4-344-94756-6 C0037
幻冬舎メディアコンサルティングＨＰ
https://www.gentosha-mc.com/